Kauderwelsch

O'Niel V. Som

Spanisch für Argentinien
Wort für Wort

**Zu diesem Buch
ist ein AusspracheTrainer
als mp3 Download erhältlich:
www.reise-know-how.de**

**Auch auf Audio-CD:
ISBN 978-3-8317-6052-7**

Reise Know-How
im Internet
www.reise-know-how.de
info@reise-know-how.de

*Aktuelle Reisetipps
und Neuigkeiten,
Ergänzungen nach
Redaktionsschluss,
Büchershop und
Sonderangebote
rund ums Reisen*

Kauderwelsch-Sprachführer sind anders!

Warum? Weil sie Sie in die Lage versetzen, wirklich zu sprechen und die Leute zu verstehen.

Wie wird das gemacht? Abgesehen von dem, was jedes Sprachbuch bietet, nämlich Vokabeln, Beispielsätze etc., zeichnen sich die Bände der Kauderwelsch-Reihe durch folgende Besonderheiten aus:

Die **Grammatik** wird in einfacher Sprache so weit erklärt, dass es möglich wird, ohne viel Paukerei mit dem Sprechen zu beginnen, wenn auch nicht gerade druckreif.

Alle Beispielsätze werden doppelt ins Deutsche übertragen: zum einen **Wort-für-Wort,** zum anderen in „ordentliches" Hochdeutsch. So wird das fremde Sprachsystem sehr gut durchschaubar. Denn in einer fremden Sprache unterscheiden sich z. B. Satzbau und Ausdrucksweise recht stark vom Deutschen. Ohne diese Übersetzungsart ist es so gut wie unmöglich, schnell einzelne Wörter in einem Satz auszutauschen.

Die **Autorinnen** und **Autoren** der Reihe sind Globetrotter, die die Sprache im Land selbst gelernt haben. Sie wissen daher genau, wie und was die Leute auf der Straße sprechen. Deren Ausdrucksweise ist nämlich häufig viel einfacher und direkter als z. B. die Sprache der Literatur oder des Fernsehens.

Besonders wichtig sind im Reiseland **Körpersprache, Gesten, Zeichen** und **Verhaltensregeln,** ohne die auch Sprachkundige kaum mit Menschen in guten Kontakt kommen. In der Kauderwelsch-Reihe wird darum besonders auf diese Art der nonverbalen Kommunikation eingegangen.

Kauderwelsch-Sprachführer sind keine Lehrbücher, aber viel mehr als traditionelle Sprachführer! Wenn Sie ein wenig Zeit investieren und einige Vokabeln lernen, werden Sie mit ihrer Hilfe in kürzester Zeit schon Informationen bekommen und Erfahrungen machen, die „sprachlosen" Reisenden verborgen bleiben.

Inhalt

- 9 Vorwort
- 10 Hinweise zur Benutzung
- 12 Das Spanisch Argentiniens
- 12 *Karte von Argentinien*
- 15 Aussprache & Betonung
- 20 Wörter, die weiterhelfen

Grammatik

- 24 Hauptwörter
- 26 Dieses & Jenes
- 28 Eigenschaftswörter
- 31 Steigern & Vergleichen
- 34 Persönliche Fürwörter
- 35 Besitzanzeigende Fürwörter
- 36 Tätigkeitswörter (Verben)
- 44 Sein & Haben
- 47 Satzstellung
- 48 Verlaufsform
- 49 Partizip (Mittelwort der Vergangenheit)
- 51 Auffordern & Befehlen
- 52 Fragen
- 55 Verneinung
- 56 Modalverben (wollen, können, müssen ...)
- 59 Hay que (Man muss)
- 60 Wem? oder Wen?
- 62 Rückbezügliche Verben
- 64 Bindewörter
- 65 Verhältniswörter
- 71 Dass oder Das?
- 72 Zahlen & Zählen
- 74 Zeit & Datum

Inhalt

Konversation

- 81 Kurz-Knigge
- 84 Namen & Anrede
- 85 Begrüßen & Verabschieden
- 87 Bitten, Danken, Wünschen
- 89 Das erste Gespräch
- 97 Flirten & Co.
- 98 Floskeln & Redewendungen
- 100 Zu Gast sein
- 103 Unterwegs
- 110 Die Mütter der „Plaza de Mayo"
- 112 Auf dem Land
- 122 Übernachten
- 125 Essen & Trinken
- 136 Einkaufen
- 141 Behörden
- 143 Bank, Post & Telefon
- 149 Sport & Freizeit
- 152 Wetter
- 153 Fotografieren
- 155 Krank sein
- 159 Toilette
- 160 Umgangssprache
- 161 Schimpfen & Fluchen
- 162 Nichts verstanden? – Weiterlernen!
- 164 Kurzsprachführer Quichua

Anhang

- 176 Wörterliste Deutsch – Quichua
- 182 Literaturhinweise
- 184 Wörterliste Deutsch – Spanisch
- 196 Wörterliste Spanisch – Deutsch
- 208 Der Autor

Obelisk auf der Avenida 9 de Julio (der breitesten Straße der Welt) in Buenos Aires

Vorwort

Vorwort

Das Spanisch Argentiniens unterscheidet sich erheblich vom europäischen Spanisch. Die typischen Abweichungen betreffen auch Uruguay und Paraguay, weshalb man sowohl linguistisch wie auch geographisch diese drei Länder als **Río-de-la-Plata-Staaten** zusammenfasst. In der Geschichte Südamerikas bildeten diese Staaten tatsächlich einmal eine Einheit. So ist es nicht verwunderlich, dass die meisten Wörter und Redewendungen in allen drei Ländern gleich sind.

Argentinien ist ein Land der Gegensätze. Im Süden, in **Bariloche,** kann man im Winter Ski fahren, während man sich im Sommer an den Stränden von **Mar del Plata** sonnt. Ebenso groß sind die kulturellen Unterschiede zwischen der Hauptstadt, den Provinzen und der kaum besiedelten weiten Pampa. Im Norden Argentiniens wird in der Provinz **Santiago del Estero** und teilweise in **Jujuy** noch **Quichua** gesprochen, das eine Variante des **Quechua** der peruanischen Inkas darstellt. So ist ein Teil dieses Buches dem Quichua gewidmet, da die indianischen Wurzeln ein wesentlicher Bestandteil der argentinischen Kultur sind.

Argentinien besteht nicht nur aus den porteños, den Einwohnern von Buenos Aires, die meist europäische Vorfahren haben. In den argentinischen Provinzen **Corrientes, Formosa** und (teilweise) **Chaco**, ebenso wie in ganz **Paraguay** und in Teilen Brasiliens, wird neben Spanisch eine andere indianische Sprache, das **Guaraní**, gesprochen.

Wer bereits Spanischkenntnisse besitzt, wird bald selbst feststellen, wie unterschiedlich das rioplatensische castellano „auf der Straße" ist. Ein Tipp: Nicht schüchtern sein und alles Gelernte sofort ausprobieren, auch wenn man sich anfangs noch nicht perfekt ausdrücken kann. Nur indem man auch mit den Leuten in der Landessprache redet, kann man Argentinien aus einem anderen Blickwinkel als dem eines „normalen" Touristen kennen lernen.

Viel Spaß und buen viaje (gute Reise)!

nueve | **9**

Hinweise zur Benutzung

Der Kauderwelsch-Band „Spanisch für Argentinien" ist in **drei wichtige Abschnitte** gegliedert:

Die **Grammatik** beschränkt sich auf das Wesentliche und ist so einfach gehalten wie möglich. Deshalb sind auch nicht sämtliche Ausnahmen und Unregelmäßigkeiten der Sprache erklärt. Natürlich kann man die Grammatik auch überspringen und sofort mit dem Konversationsteil beginnen. Wenn dann Fragen auftauchen, kann man immer noch in der Grammatik nachsehen.

Wer nach der Lektüre gerne noch tiefer in die Grammatik des argentinischen Spanisch einsteigen möchte, findet im Anhang eine Liste mit weiterführenden Lehrbüchern.

Konversation: In diesem Teil finden Sie Sätze aus dem Alltagsgespräch, die Ihnen einen ersten Eindruck davon vermitteln sollen, wie die spanische Sprache „funktioniert" und die Sie auf das vorbereiten sollen, was Sie später in Argentinien hören werden.

Jede Sprache hat ein typisches Satzbaumuster. Um die sich vom Deutschen unterscheidende Wortfolge spanischer Sätze zu verstehen, ist die **Wort-für-Wort-Übersetzung** in *kursiver* Schrift gedacht. Wird *ein* spanisches Wort im Deutschen durch *mehrere* Wörter übersetzt, werden diese in der Wort-für-Wort-Übersetzung mit einem Bindestrich verbunden:

Jedem spanischen Wort entspricht ein Wort in der Wort-für-Wort-Übersetzung.

Hay un hotel por acá?
es-gibt ein Hotel durch hier
Gibt es hier ein Hotel?

Hinweise zur Benutzung

Soy alemán / suizo / austríaco.
(ich-)bin deutsch / schweizerisch / österreichisch
Ich bin Deutscher / Schweizer / Österreicher.

Werden in einem Satz mehrere Wörter angegeben, die man untereinander austauschen kann, steht ein Schrägstrich zwischen diesen.

In Sätzen mit dem Verb „sein" macht es einen Unterschied, ob eine Frau oder ein Mann den betreffenden Satz spricht, ob eine Frau oder ein Mann angesprochen wird, oder ob man über eine Frau oder einen Mann spricht. Im spanischen Satz und in der Wort-für-Wort-Übersetzung werden beide Formen angegeben:

Estoy cansado / cansada.
(ich-)bin müde(m/w)
Ich bin müde. (cansado *sagt ein Mann,* cansada *eine Frau; diese sind jeweils das Subjekt des Satzes*)

Mit Hilfe der Wort-für-Wort-Übersetzung können Sie bald eigene Sätze bilden. Sie können die Beispielsätze als Fundus von Satzschablonen und -mustern benutzen, die Sie selbst Ihren Bedürfnissen anpassen. Um Ihnen das zu erleichtern, ist ein erheblicher Teil der Beispielsätze nach allgemeinen Kriterien geordnet („grüßen / verabschieden", „danken, bitten" usw.). Mit etwas Kreativität und Mut können Sie sich neue Sätze „zusammenbauen", auch wenn das Ergebnis nicht immer grammatikalisch perfekt ausfällt.

Die **Wörterlisten** am Ende des Buches helfen Ihnen dabei. Sie enthalten einen Grundwortschatz von je ca. 1000 Wörtern, mit denen man schon eine ganze Menge anfangen kann.

Seitenzahlen
Um Ihnen den Umgang mit den Zahlen zu erleichtern, ist auf jeder Seite die Seitenzahl auf Spanisch angegeben.

once 11

Das Spanisch Argentiniens

Das Spanisch Argentiniens

Im Gegensatz zum Spanisch Spaniens werden in Argentinien z, ce und ci nicht gelispelt bzw. wie das englische „th" ausgesprochen, sondern als stimmloses „ss". Y und ll werden in Argentinien wie „sch" ausgesprochen, und nicht etwa wie „j" in Spanien. Das -s am Silbenende wird im argentinischen Castellano nur gehaucht oder ganz verschluckt.

Ein weiterer markanter Unterschied des argentinischen Spanisch zum Spanisch Spaniens ist die Verwendung der persönlichen Fürwörter vos (du) und ustedes (ihr) anstelle von tú (du) und vosotros (ihr). Vos hat darüber hinaus eine eigene Verbform, die es in Spanien nicht gibt; sie ist eine Variante der Spanien-spanischen Form für die 2. Person Mehrzahl („ihr"). Ustedes heißt eigentlich „Sie" (Mehrzahl). Dadurch bedingt verwendet man hier dieselbe Verbform wie für die 3. Person Mehrzahl. Das bedeutet, dass es im Argentinischen keine Verbform für die 2. Person Mehrzahl („ihr") gibt.

Die Verkleinerungsformen auf -ito werden in Argentinien häufiger verwendet als in Spanien, die Steigerung der Eigenschaftswörter mit re- ist in Spanien nicht gebräuchlich.

Das Spanisch Argentiniens

Unterschiede im Wortschatz

	Argentinien	Spanien
arbeiten	laburar	trabajar
Auto	auto	coche
beeilen, sich	apurarse	darse prisa
Benzin	nafta	gasolina
grüne Bohne	chaucha	judía
Bus	colectivo	autobús
Disko	bailable (w)	discoteca
doof	boludo	tonto
essen	morfar	comer
Fahrkarte	boleto	billete
hübsch	lindo	bonito
Jacke	campera	chaqueta
Kneipe	boliche (m)	bar (m), taberna
Kopf	bocho	cabeza
Krankenkasse	obra social	caja de enfermedad
Kugelschreiber	birome	bolígrafo
Rock	pollera	falda

Die weiteren Unterschiede zum Spanien-Spanisch betreffen den Wortschatz, denn der alltägliche Wortschatz Argentiniens kennt teilweise ganz andere Bezeichnungen als das Spanien-Spanische (trotzdem werden die in Spanien üblichen Ausdrücke zum großen Teil ebenfalls verwendet).

	Argentinien	Spanien
coger	ficken	nehmen
joder	Ärger machen	ficken
acá	hier	hierher
allá	da	dorthin
manteca	Butter	Schmalz
plata	Geld	Silber

Einige Bezeichnungen haben im Argentinischen im Laufe der Zeit eine andere Bedeutung erhalten.

Das Spanisch Argentiniens

Hier einige Ausdrücke aus dem **Lunfardo** („Knastjargon") aus Buenos Aires, die in vielen alten Tangos verwendet werden. Viele Begriffe bestehen aus verdrehten spanischen Wörtern, z. B. patrón > trompa (Arbeitgeber). Auch wenn man diese Ausdrücke gelegentlich zu hören bekommt, wird man sie selbst kaum anwenden können.

la cometa	das Essen
darle a la sin hueso	zu viel schwatzen
debute, a la guarda	ausgezeichnet
la mosqueta	die Knete (Geld)
mishé	Freier
mistongo	sehr arm
raspa, lunfa	Dieb, Gauner
trompa	Arbeitgeber
shusheta	hübsch

Der Wortschatz im Gebiet des Río de la Plata ist von den indianischen Sprachen **Quichua** und **Guaraní** beeinflusst, ohne dass sich die Sprecher dessen bewusst sind:

	Argentinien	Quichua
cancha	Sportplatz	Licht, Platz
zapallo	Kürbis	dicke Frucht
chacra	kleine Farm	Feld
pampa	Weideland	Ebene

Aussprache & Betonung

Das argentinische Spanisch (castellano) wird sehr schnell gesprochen, und es ist oft nicht leicht, einer Diskussion zu folgen, besonders wenn sie auf der Straße oder mit mehreren Personen gleichzeitig stattfindet. Die Aussprache ist dagegen recht einfach.

Selbstlaute (Vokale)

Die Selbstlaute werden immer deutlich (einzeln) ausgesprochen, und auch nicht zusammengezogen, wenn mehrere nacheinander stehen. Sie werden auch nicht wie im Deutschen in die Länge gezogen.

ie	wie „i-ä", jeder Selbstlaut wird deutlich ausgesprochen **miel** „*miäl*" (Honig)
ue	deutlich getrennt gesprochen wie „u-ä" **fuerte** „*fuärte*" (stark)
ei	deutlich getrennt gesprochen wie „ä-i" **treinta** „*träinta*" (dreißig)

In den folgenden Listen sind vor allem die Buchstaben berücksichtigt, deren Aussprache vom Deutschen abweicht.

Mitlaute (Konsonanten)

ch	stimmloses „tsch" wie in „Ma**tsch**" **mucho** „*mutscho*" (viel)
h	nicht hörbar! **helado** „*elado*" (Eis)

quince | 15

Aussprache & Betonung

In Buenos Aires wird die stimmlose Aussprachevariante bevorzugt, in der Mitte und im Westen des Landes die stimmhafte. Andererseits gibt es eine Tendenz, nach der jüngere Leute eher ein stimmloses, und ältere eher ein stimmhaftes „sch" sprechen.

j	wie „ch" in „Ba**ch**", in manchen Gegenden wie „h" in „**H**aus" **jugo** „*chugo*" (Saft)
ll	stimmloses „sch" wie in „**Sch**ule" oder stimmhaftes „sch" wie das zweite „g" in „Gara**g**e" (je nach Region) **lleno** „*scheno*" (voll)
ñ	wie „nj" in „Ta**nj**a" **baño** „*banjo*" (Toilette)
qu	wie „k" **qué?** „*ke*" (was?)
s	stimmloses, deutliches „ss" wie in „Ma**ss**e"; am Silben- oder Wortende wird s oft nur gehaucht oder sogar ganz verschluckt, besonders in der Kombination sp und st **sí** „*ssi*" (ja); **este** „*ehte*" od. „*ete*" (dieser), **¿viste?** „*wihte*" od. „*wite*" (hast du gesehen?), **los** „*loh*" od. „*lo*" (die)
v	wie „w" in „**W**ein" **vino** „*wino*" (Wein)
y	Steht das y alleine oder am Wortende, wird es wie „i" gesprochen; sonst genauso wie ll „sch" (stimmlos oder stimmhaft): **y** „*i*" (und); **yo** „*scho*" (ich)
z	genauso wie s: ein stimmloses, deutliches „ss"; ebenso wie s (s. o.) wird z am Silben- bzw. Wortende oft nur gehaucht oder ganz verschluckt: **zapato** „*ssapato*" (Schuh); **conozco** „*konohko*" od. „*konoko*" (ich kenne), **vez** „*weh*" od. „*we*" (Mal)

Aussprache & Betonung

Bei g und c richtet sich die Aussprache nach dem darauf folgenden Selbstlaut:

c	vor a, o, u und Mitlauten wie „k": **cama** „*kama*" (Bett), **como** „*komo*" (wie), **culpa** „*kulpa*" (Schuld)
c	vor e und i wie stimmloses „ss" in „Ma**ss**e" **cena** „*ssena*" (Abendessen), **cine** „*ssine*" (Kino)
g	vor a, o, u und Mitlauten wie „g"; **gue** wie „ge"; **gui** wie „gi": **gato** „*gato*" (Katze), **gordo** „*gordo*" (dick), **guante** „*guante*" (Handschuh); **guerra** „*gerra*" (Krieg); **guitarra** „*gitarra*" (Gitarre)
g	vor e und i wie deutlich hörbares „h", in manchen Gegenden wie „ch" in „ich" **gente** „*hente*" (Leute)

Hören Sie sich Aussprachebeispiele mit Ihrem Smartphone an! Ausgewählte Kapitel in diesem Buch sind dafür mit einem QR-Code ausgestattet. Wer kein Smartphone hat, kann sich die Sätze auch auf unserer Webseite anhören: www.reise-know-how.de/kauderwelsch/084

Sehr selten sind die Kombinationen güe und güi: Das ü wird wie u gesprochen und bekommt nur deshalb die zwei Pünktchen, weil es in diesen Kombinationen eben doch mitgesprochen wird (im Gegensatz zu gue und gui)!

güe	vergüenza	„*werguenssa*" (Schamgefühl)

diecisiete

Aussprache & Betonung

Betonung

Meistens wird die vorletzte Silbe betont. Das ist immer dann der Fall, wenn das Wort auf n, s oder einen Selbstlaut endet.

hablan	„_a_blan"	sie sprechen
vamos	„v_a_mo(s)"	wir gehen
boliche	„bol_i_tsche"	Kneipe
bailable	„bail_a_ble"	Disco

Wörter, die auf einem anderen Mitlaut enden, werden auf der letzten Silbe betont.

facultad	„fakult_a_d"	Universität
laburar	„labur_a_r"	arbeiten

Ist ein Selbstlaut mit einem Akzent versehen, wird diese Silbe betont. Außerdem sind alle Fragewörter mit Akzenten versehen. Akzente stehen aber auch zur Unterscheidung bei gleichlautenden Ausdrücken mit unterschiedlicher Bedeutung.

avión	„awi_o_n"	Flugzeug
¿cuándo?	„ku_a_ndo"	wann?
¿por qué?	„pork_e_"	warum?
porque	„p_o_rke"	weil
mi	„mi"	mein
mí	„mi"	mich
de	„de"	von
dé!	„de"	geben Sie!

Aussprache & Betonung

Rechtschreibung

Nur Namen und das erste Wort im Satz werden groß geschrieben, nicht jedoch die Hauptwörter. Das Frage- und das Ausrufezeichen stehen zusätzlich auch am Satzanfang, und zwar auf dem Kopf.

Oft werden v und b verwechselt, darum sagt man beim Buchstabieren: v corta (kurzes v) und b larga (langes b).

Graffiti in La Boca, Stadtteil von Buenos Aires

Wörter, die weiterhelfen

Für die hier genannten Satzbaupläne benötigen Sie keine Grammatikkenntnisse. In die Lücken können Sie sinnvolle Sätze aus den Wörterlisten einsetzen.

Quiero ... (Ich möchte ...)

Quiero un pan. *(ich-)will ein Brot*	Ich möchte ein Brot.
Quiero agua mineral. *will Wasser mineralisch*	Ich möchte Mineralwasser.
Quiero un boleto. *(ich-)will ein Fahrkarte*	Ich möchte eine Fahrkarte.

Busco ... (Ich suche ...)

Busco un hotel.	Ich suche ein Hotel.
Busco un restaurante.	Ich suche ein Restaurant.

In diesen Fragesatz (und auch in die folgenden Fragen) können Sie z. B. die Wörter aus der folgenden Liste unverändert einbauen:

una farmacia	eine Apotheke
un médico	ein Arzt
un banco	eine Bank
la embajada	die Botschaft
el colectivo, el micro	der Bus

Wörter, die weiterhelfen

el aeropuerto	der Flughafen
una tienda	ein Geschäft
el consulado	das Konsulat
el hospital	das Krankenhaus
la policía federal	die Polizei
el correo	die Post

¿Hay ...? (Gibt es ...?)

¿Hay café?	Gibt es Kaffee?
es-gibt Kaffee	
¿Hay un hotel por acá?	Gibt es hier ein Hotel?
es-gibt ein Hotel durch hier	

Die Antworten darauf lauten möglicherweise:

Sí, hay.	Ja, gibt es.
No, no hay.	Nein, gibt es nicht.

¿Dónde hay ...? (Wo gibt es ...?)

¿Dónde hay una farmacia?	Wo gibt es eine Apotheke?
wo es-gibt eine Apotheke	
¿Dónde hay un banco?	Wo gibt es eine Bank?
wo es-gibt ein Bank	
¿Dónde hay un teléfono?	Wo gibt es ein Telefon?
wo es-gibt ein Telefon	

Hay (es gibt) ist eine unpersönliche Form und bezeichnet das allgemeine Vorhandensein. Deshalb tritt es nur mit unbestimmten Hauptwörtern auf.

Wörter, die weiterhelfen

¿Dónde está ...? (Wo ist ...?)

¿Dónde está el baño?	Wo ist die Toilette?
¿Dónde está el correo?	Wo ist die Post?
¿Dónde está la parada?	Wo ist die Haltestelle?

a la derecha	(nach) rechts
a la izquierda	(nach) links
acá, aquí	hier
allá, allí	dort
cerca	nah, in der Nähe
lejos	weit; weiter
todo derecho	geradeaus
a la vuelta, atrás	zurück
el semáforo	die Ampel
el cruce	die Kreuzung

Bei Richtungsangaben sollte man auch auf Handbewegungen achten!

¿Tiene ...? (Haben Sie ...?)

¿Tiene una pieza libre?
(er-/sie-)besitzt eine Zimmer frei
Haben Sie ein freies Zimmer?

Die Antwort darauf lautet möglicherweise:

Sí, tengo.	Ja, habe ich.
No, no tengo.	Nein, habe ich nicht.

Wörter, die weiterhelfen

¿Cuánto sale ...? (Wie viel kostet ...?)

¿Cuánto sale un boleto?
wieviel (er-)hinausgeht ein Fahrkarte
Wie viel kostet eine Fahrkarte?

¿Cuánto sale la entrada?
Wie viel kostet der Eintritt?

¿Cuánto sale este libro?
Wie viel kostet dieses Buch?

¿Cuánto sale eso?
wieviel (es-)hinausgeht das-da
Wie viel kostet das da?

Nach dem Preis kann man auch mit ¿cuánto vale ...? oder ¿cuánto cuesta ...? fragen. Die Zahlen stehen im Kapitel „Zahlen & Zählen".

por favor / gracias (bitte / danke)

Un café con leche, por favor.
Einen Kaffee mit Milch, bitte.

Una coca, por favor.
Eine Coca Cola, bitte.

Una milanesa, por favor.
Ein Schnitzel, bitte.

Una estampilla, por favor.
Eine Briefmarke, bitte.

¡Muchas gracias!
Vielen Dank!

veintitrés

Hauptwörter

Im Castellano gibt es nur männliche oder weibliche Hauptwörter (Substantive), jedoch keine sächlichen. Dabei stimmt das grammatische Geschlecht nicht immer mit dem des entsprechenden deutschen Hauptwortes überein. Bei Personen gilt das natürliche Geschlecht.

Einzahl

Meistens kann man das Geschlecht an der Wortendung erkennen: Wörter, die auf -o, -or oder -e enden, sind im Allgemeinen männlich (abgekürzt „m"), z. B.:

vino	Wein	traductor	Übersetzer
disco	Platte	peine	Kamm
hombre	Mann	chico	Junge

Wörter auf -a, -ión oder -d sind meistens weiblich (abgekürzt: „w"):

cerveza	Bier	libertad	Freiheit
ciudad	Stadt	reunión	Treffen
hermana	Schwester	chica	Mädchen

Falls man das grammatische Geschlecht nicht eindeutig an der Endung erkennen kann, ist es immer angegeben. Zu den wichtigen Ausnahmen dieser Regel gehören:

Hauptwörter

leche (w)	Milch	**día** (m)	Tag
mano (w)	Hand	**avión** (m)	Flugzeug
flor (w)	Blume	**camión** (m)	Lastwagen

Artikel

Wie im Deutschen gibt es bestimmte und unbestimmte Artikel („der, die, das" bzw. „ein, eine"), die vor den Hauptwörtern stehen.

	bestimmt		**unbestimmt**	
	m	w	m	w
Ez	el	la	un	una
Mz	los	las	unos	unas

Den unbestimmten Mehrzahl-Artikel kann man im Deutschen mit „einige" übersetzen.

el chico	der Junge
la chica	das Mädchen
un chico	ein Junge
una chica	ein Mädchen

Darüber hinaus gibt es den „neutralen" Artikel lo. Er kommt aber nur zusammen mit allein stehenden Eigenschaftswörtern vor, z. B. lo malo (das Böse), lo único (das Einzige).

Mehrzahl

An alle Wörter, die auf einen Selbstlaut enden (also z. B. auf -a, -e, -o), hängt man in der Mehrzahl einfach ein -s an.

Dieses & Jenes

los chicos die Jungen	**las chicas** die Mädchen
unos chicos einige Jungen	**unas chicas** einige Mädchen

Endet das Hauptwort jedoch auf einen Mitlaut, wird -es angehängt:

ciudad Stadt	**avión** Flugzeug
ciudades Städte	**aviones** Flugzeuge

Dieses & Jenes

Die hinweisenden Fürwörter este (dieser), ese (der da) und aquel (jener) stehen immer vor dem Hauptwort, auf das sie sich beziehen, und richten sich in Geschlecht und Zahl nach diesem.

● **este** (dieser): Die Person bzw. der Gegenstand befindet sich nahe beim Sprecher.

este auto dieser Wagen	**esta calle** diese Straße
estos perros diese Hunde	**estas flores** diese Blumen

Dieses & Jenes

● **ese** (der da): Die Person bzw. der Gegenstand befindet sich relativ nahe beim Sprecher (oder nahe beim Hörer).

ese árbol **esa casa**
der Baum da das Haus da

esos hombres **esas mujeres**
die Männer da die Frauen da

● **aquel** (jener): Die Person bzw. der Gegenstand befindet sich weit entfernt sowohl vom Sprecher als auch vom Hörer.

aquel pueblo **aquella noche**
jenes Dorf jene Nacht

aquellos chicos **aquellas vacaciones**
jene Kinder jene Ferien

Zu beachten ist, dass die neutralen Grundformen esto, eso und aquello heißen, wenn sie selbständig verwendet werden, d.h. wenn sie nicht wie Eigenschaftswörter unmittelbar mit dem Hauptwort zu einem gemeinsamen Satzteil verbunden sind:

¿Qué es esto / eso / aquello?
Was ist dies / das da / jenes?

Esto es un disco.
Dies ist eine (Schall-)Platte.

veintisiete 27

Eigenschaftswörter

Eigenschaftswörter

Eigenschaftswörter (Adjektive) richten sich in Geschlecht und Zahl nach dem Hauptwort, auf das sie sich beziehen. Im Gegensatz zum Deutschen stehen sie fast immer nach dem Hauptwort.

Eigenschaftswörter auf -o bilden die weibliche Form auf -a und die Mehrzahl (abgekürzt: „Mz") auf -os (männlich) bzw. -as (weiblich):

el libro caro
der Buch teuer
das teure Buch

los libros caros
die Bücher teure(Mz)
die teuren Bücher

la camisa cara
die Hemd teure(w)
das teure Hemd

las camisas caras
die Hemden teure(w, Mz)
die teuren Hemden

Eigenschaftswörter, die auf -e oder einen Mitlaut enden, unterscheiden keine männlichen und weiblichen Formen. In der Mehrzahl enden sie immer auf -es, z. B.:

el muchacho alemán
der Junge deutsch
der deutsche Junge

los muchachos alemanes
die Jungen deutschen
die deutschen Jungen

la chica dulce
die Mädchen(Ez) süße
das süße Mädchen

las chicas dulces
die Mädchen süße(Mz)
die süßen Mädchen

Eigenschaftswörter

Farben

amarillo	gelb	**marrón**	braun
rojo	rot	**negro**	schwarz
rosado	rosa	**gris**	grau
verde	grün	**blanco**	weiß
azul	blau	**naranja**	orange

Folgende Adjektive und sonstige Begleiter können auch vor dem Hauptwort stehen. Die männliche Form verliert dabei die Endung.

alguno	irgendein
algún libro	irgendein Buch
ninguno	kein
ningún chico	kein Junge
grande	groß
un gran cantante	ein großer Sänger
bueno	gut
buen tiempo	gutes Wetter
malo	schlecht
mal tiempo	schlechtes Wetter

Magellan-Pinguine in Patagonien

Eigenschaftswörter

wichtige Eigenschaftswörter

pobre	arm	rico	reich
barato, económico	billig	caro	teuer
fino	dünn	grueso	dick (Dinge)
simple, fácil, sencillo	einfach	difícil	schwierig
tonto, bobo	dumm	inteligente	intelligent
bueno	gut	malo	schlecht
claro	hell	oscuro	dunkel
jóven	jung	viejo, anciano	alt (Personen)
nuevo	neu	viejo	alt (Dinge)
frío	kalt	caliente	heiß
chico	klein	grande	groß
bonito, lindo	schön	feo	hässlich
corto	kurz	largo	lang (Dinge)
despacio	langsam	rápido	schnell
ligero	leicht	pesado	schwer (Gewicht)
divertido	lustig	triste	traurig
aburrido	langweilig	interesante	interessant
bajo	klein (Person)	alto	hoch, groß (Person)
correcto	richtig	falso	falsch
limpio	sauber	sucio	schmutzig
suave	weich	duro	hart

Steigern & Vergleichen

Steigern & Vergleichen

Die erste Steigerungsstufe (Komparativ) bildet man, indem man dem Eigenschaftswort más (mehr) voranstellt. Die zweite Steigerungsstufe (Superlativ) wird mit más und dem Artikel gebildet.

Steigern

lindo	más lindo	el más lindo
schön	*mehr schön*	*der mehr schön*
schön	schöner	der schönste

Das Eigenschaftswort und der Artikel richten sich in Geschlecht und Zahl nach dem dazugehörigen Hauptwort.

El chico es más lindo.
der Junge ist mehr schön
Der Junge ist schöner.

La chica es más linda.
die Mädchen ist mehr schöne(w)
Das Mädchen ist schöner.

Diego es el más lindo.
Diego ist der mehr schön
Diego ist der schönste.

Eliane es la más linda.
Eliane ist die mehr schöne(w)
Eliane ist die schönste.

Eine weitere Steigerungsform (Elativ) bildet man, indem man an das Eigenschaftswort die

Steigern & Vergleichen

Endung -ísimo (m) bzw. -ísima (w) anhängt. Dabei entfällt der letzte Selbstlaut des Eigenschaftswortes.

lindo	lindísimo	lindísima
schön	sehr schöner	sehr schöne

un chico lindísimo	una chica lindísima
ein Junge schön-sehr	*eine Mädchen schöne-sehr*
ein sehr schöner Junge	ein sehr schönes Mädchen

Eigenschaftswörter kann man auch mit muy (sehr) betonen, oder man stellt die Vorsilbe re- vor das betreffende Eigenschaftswort.

un libro muy caro	una casa muy barata
ein sehr teures Buch	ein sehr billiges Haus

un libro re-caro	una casa re-barata
ein sehr teures Buch	ein sehr billiges Haus

Unregelmäßige Steigerungsformen

chico	menor	mínimo
klein	kleiner	am kleinsten
grande	**mayor**	**máximo**
groß	größer	am größten
bueno	**mejor**	**óptimo**
gut	besser	am besten
malo	**peor**	**pésimo**
schlecht	schlechter	am schlechtesten

Zu beachten ist, dass menor auch „jünger" und mayor „älter" bedeutet, wenn es sich auf Personen bezieht. Spricht man über die Körpergröße von Menschen, sagt man más alto (höher, größer) und más bajo (niedriger, kleiner).

Vergleichen

Die Gleichheit von zwei Personen oder Gegenständen, die anhand einer Eigenschaft miteinander verglichen werden, wird mit tan ... como (so ... wie) ausgedrückt. Dabei richtet sich das Eigenschaftswort in Zahl und Geschlecht nach dem Satzgegenstand (Subjekt).

María es tan alta como Eda.
María (sie-)ist so hohe wie Eda
María ist so groß wie Eda.

Werden zwei Personen oder Gegenstände anhand einer Tätigkeit gemessen, verwendet man tanto como (so viel wie).

Juan Carlos trabaja tanto como Guillermo.
Juan Carlos arbeitet so viel wie Guillermo.

Ungleichheit wird mit más ... que (mehr ... als) oder menos ... que (weniger ... als) ausgedrückt.

Esta postal es más cara que aquella.
diese Postkarte (sie-)ist mehr teure als jene(w)
Diese Postkarte ist teurer als jene.

Bitte beachten Sie: das Verb trabajar (arbeiten) gehört dem Spanischen Spaniens und zahlreicher lateinamerikanischer Länder an, aber in der argentinischen Umgangssprache wird es in der Regel durch laburar ersetzt.

Persönliche Fürwörter

Persönliche Fürwörter

Für das Subjekt sind die persönlichen Fürwörter nicht notwendig, da aus der Endung des Verbs die handelnde Person hervorgeht.

Wenn es um das Subjekt (den Satzgegenstand) geht, wird das persönliche Fürwort nur dann (zusätzlich zum gebeugten Verb) verwendet, wenn die handelnde Person besonders betont werden soll. Andererseits sind Fürwörter, die für das Objekt (die Satzergänzung) stehen, obligatorisch. Die entsprechenden Formen finden Sie auf S. 60 im Abschnitt „Wem? oder Wen?".

yo	ich	nosotros/-as	wir (m/w)
vos	du	ustedes	ihr
él	er	ellos	sie (m)
ella	sie	ellas	sie (w)
usted	Sie (Ez)	ustedes	Sie (Mz)

Anders als im Deutschen unterscheidet man in der Mehrzahl männliches und weibliches „wir". Sprechen Männer nur von sich, sagen sie nosotros. Frauen sprechen von sich selbst als nosotras; bei einer gemischten Gruppe heißt es wiederum nosotros. Ebenso wird „sie (m Mz)" und „sie (w Mz)" unterschieden. Für eine gemischte Gruppe verwendet man auch hier die männliche Form: ellos.

vos / ustedes

Vos hat in der Gegenwart eine eigene Verbform, die eine Variante der Verbform für die 2. Person Mz („ihr") darstellt und nicht mit der Spanien-spanischen Verbform für die 2. Person Ez („du") identisch ist.

Im Gegensatz zum Spanischen Spaniens gibt es im Argentinischen kein tú (du) und kein vosotros / vosotras (ihr, m/w). Stattdessen wird als allgemeine Anrede vos (du) bzw. als Anrede mehrerer Personen ustedes (ihr; Sie) verwendet. Die förmliche Anrede einer einzelnen Person mit usted (Sie) wird in Argentinien nur sehr selten gebraucht.

Besitzanzeigende Fürwörter

Besitzanzeigende Fürwörter

Die besitzanzeigenden Fürwörter sind sehr einfach zu handhaben: Bei mi, tu und su wird kein Unterschied zwischen männlichen und weiblichen Hauptwörtern gemacht; Ausnahme ist jedoch nuestro (unser).

mi	mein
tu	dein
su	sein, ihr
nuestro / nuestra	unser / unsere
su	euer / ihr (Mz)

Es gibt zwar im Argentinischen kein persönliches Fürwort tú, aber das zu vos gehörende besitzanzeigende Fürwort lautet dennoch tu.

Steht das Hauptwort in der Mehrzahl, hängt man ein -s an das besitzanzeigende Fürwort an. Die besitzanzeigenden Fürwörter stehen immer vor dem Hauptwort, auf das sie sich beziehen:

mi auto	mein Auto
tu amigo	dein Freund
mi novia	meine Freundin
tu hermana	deine Schwester
mis hijos	meine Kinder
tus padres	deine Eltern
nuestro país	unser Land
sus casas	seine / ihre / eure Häuser

treinta y cinco | 35

Tätigkeitswörter (Verben)

Die spanischen Verben bestehen aus einem Stamm und einer Endung.

Grundform (Infinitiv)

In der Grundform haben alle spanischen Verben eine der drei folgenden Endungen:

-ar:	**trabajar**	(arbeiten)
-er:	**vender**	(verkaufen)
-ir:	**abrir**	(öffnen)

Gegenwart

Je nach Selbstlaut der Endung werden die Verben unterschiedlich gebeugt. Die Unterschiede sind jedoch nur gering. Die Bindestriche in der folgenden Tabelle sollen lediglich die Endungen hervorheben.

Bei der Beugung wird die Endung der Grundform durch die Endung der handelnden Person („ich, du, er …") ersetzt.

	trabaj-ar (arbeiten)	**vend-er** (verkaufen)	**abr-ir** (öffnen)
yo	trabaj-o	vend-o	abr-o
vos	trabaj-ás	vend-és	abr-ís
él / ella	trabaj-a	vend-e	abr-e
nosotros/-as	trabaj-amos	vend-emos	abr-imos
ustedes	trabaj-an	vend-en	abr-en
ellos/-as	trabaj-an	vend-en	abr-en

Wie bereits im Kapitel „Persönliche Fürwörter" erläutert, ist die vos-Form („du") eine argentinische Sonderform und ist nicht mit der

Tätigkeitswörter (Verben)

Spanien-spanischen Verbform für die 2. Person Einzahl („du") identisch. Für ustedes (ihr, Sie Mehrzahl) verwendet man dieselbe Verbform wie für ellos / ellas.

Die persönlichen Fürwörter braucht man in der Regel nicht; es sei denn, man will die handelnde Person hervorheben. In der Wort-für-Wort-Übersetzung ist das persönliche Fürwort in Klammern ergänzt, da man aus dem gebeugten deutschen Verb nicht immer klar auf die handelnde Person schließen kann.

Ella trabaja, pero él no.
sie (sie-)arbeitet, aber er nicht
<u>Sie</u> arbeitet, aber <u>er</u> nicht.

Anrede (Höflichkeitsform)

Es gibt eine förmliche (usted) und eine allgemeine (vos) Anredeform. Junge Leute und Bekannte duzen sich im Allgemeinen, und auch auf Ämtern oder in Geschäften sagt man meistens vos (du).

Das förmliche „Sie" (usted) existiert zwar, wird aber in der Umgangssprache nur ganz selten verwendet. Das ist wichtig zu wissen, denn der Gebrauch dieser Höflichkeitsform erzeugt Distanz!

Für die Höflichkeitsform Einzahl (usted) verwendet man die dieselbe Verbform wie für die 3. Person Einzahl („er"), für die Mehrzahl (ustedes) dementsprechend die 3. Person Mehrzahl („sie").

Tätigkeitswörter (Verben)

(vos) hacés	du machst
(du) machst	
(usted) hace	Sie machen
(Sie) (er/sie-)macht	
(ustedes) hacen	Sie machen; ihr macht
(Ihr) (sie-)machen	

Vos, usted und ustedes stehen in Klammern, da auch hier der Gebrauch möglich, aber nicht notwendig ist.

Unregelmäßige Verben

Einige Verben mit regelmäßigen Endungen verändern den Selbstlaut des Wortstammes. Im Deutschen gibt es so etwas auch, z. B.: „ich gebe" (-e-), aber: „du gibst" (-i-). Davon betroffen sind jeweils nur die Formen, die den Stamm betonen.

yo	entiendo	ich verstehe
vos	entendés	du verstehst
él, ella	entiende	er / sie versteht
nosotros/-as	entendemos	wir verstehen
ustedes	entienden	ihr versteht
ellos / ellas	entienden	sie verstehen

Nach diesem Muster verändern sich auch die folgenden Verben. Der Selbstlaut, der sich verändert, ist in der Liste unterstrichen. Bei den „regelmäßigen" Unregelmäßigkeiten wird ein -e- häufig zu -ie-, und -o- wird zu -ue-.

Tätigkeitswörter (Verben)

- **-e-** wird zu **-ie-**:

cerrar	schließen
despertarse	aufwachen
empezar	anfangen
entender	verstehen
pensar	denken
perder	verlieren
preferir	bevorzugen
sentarse	sich setzen
sentir	fühlen, bedauern

- **-o-** wird zu **-ue-**:

almorzar	Mittag essen
contar	(er)zählen
dormir	schlafen
encontrar	finden
oler	riechen
soñar	träumen
morir	sterben
volver	zurückkommen

Besonders häufig gebrauchte Verben machen im Laufe der Zeit Veränderungen durch, die sich mit Regeln nicht erklären lassen. Da diese Verben sehr wichtig sind, sollte man sie sich gut einprägen.

- Vollkommen unregelmäßige Verben sind:

ir	dar	decir	tener	venir	
gehen	geben	sagen	haben	kommen	
voy	doy	digo	tengo	vengo	yo
vas	das	decís	tenés	venís	vos
va	da	dice	tiene	viene	él / ella
vamos	damos	decimos	tenemos	venimos	nosotros/-as
van	dan	dicen	tienen	vienen	ustedes
van	dan	dicen	tienen	vienen	ellos/-as

treinta y nueve

Tätigkeitswörter (Verben)

Im Spanischen gibt es zum Glück nicht sehr viele unregelmäßige Verben, einige der ganz seltenen sind hier nicht aufgeführt. Eine komplette Liste kann man auch in jedem guten Wörterbuch finden.

Folgende Verben sind nur in der 1. Person Einzahl („ich") unregelmäßig, während alle übrigen Formen regelmäßig sind. In der zweiten Spalte stehen jeweils die 1. und 2. Person Einzahl („ich", „du"):

caer (fallen)	**caigo, caés** ...
hacer (machen)	**hago, hacés** ...
oír (hören)	**oigo, oís** ...
poner (stellen, legen, setzen)	**pongo, ponés** ...
saber (wissen)	**sé, sabés** ...
salir (aussteigen)	**salgo, salís** ...
traer (bringen)	**traigo, traés** ...
ver (sehen)	**veo, ves** ...

Alle Verben, die auf -cer oder -cir enden, schieben in der ersten Person Einzahl ein z ein:

conocer (kennen)	**conozco, conocés** ...
traducir (übersetzen)	**traduzco, traducís** ...

Zukunft

Das Spanische ist bei der Zukunft genauer als das Deutsche. Im Deutschen kann man beispielsweise sagen: „Morgen kaufe ich mir eine Zeitschrift", meint dabei aber „Morgen werde ich mir eine Zeitschrift kaufen". Im Spanischen verwendet man immer die Zukunftsform, wenn sich etwas auf die Zukunft bezieht.

Tätigkeitswörter (Verben)

Die Konstruktion ist aber sehr einfach: Man beugt das bereits bekannte unregelmäßige Verb ir (gehen) in der Gegenwart, und stellt a plus der Grundform des Verbs, das man in die Zukunft setzen möchte, nach.

Wörtlich übersetzt bedeuten diese Formen: „ich gehe zu kaufen, du gehst zu kaufen" usw.; aber die echte Bedeutung beinhaltet nicht die Idee des „Gehens" oder „Laufens", sondern einfach „ich werde kaufen, du wirst kaufen" usw.

voy a comprar	ich werde kaufen
vas a comprar	du wirst kaufen
va a comprar	er / sie wird kaufen
vamos a comprar	wir werden kaufen
van a comprar	ihr werdet kaufen
van a comprar	sie werden kaufen

Vergangenheit

Im Spanischen gibt es verschiedene Vergangenheitsformen, von denen ich nur die wichtigste und am häufigsten verwendete erklären möchte. Man kann sie für Vorgänge oder Aktionen, die früher stattfanden, verwenden; jedoch nicht für Beschreibungen von längerdauernden Zuständen in der Vergangenheit. Doch es wird fürs erste ausreichen, wenn man erzählen kann, was passiert ist, oder was man gemacht hat. Später kann man mit Hilfe von Lehrbüchern die übrigen Zeiten und die Unterschiede in der Anwendung lernen.

Tätigkeitswörter (Verben)

Die Endungen der Verben auf -ar unterscheiden sich von denen auf -er und -ir. Bei allen regelmäßigen Verben der 1. und 3. Person Einzahl („ich", „er/sie") sind die Endungen betont. Die Bindestriche sollen hier nur die Endungen deutlich hervorheben. Das eingeklammerte „s" in den folgenden Tabellen wird als Hauchlaut manchmal mitgesprochen, aber nicht geschrieben.

	trabaj-ar (arbeiten)	vend-er (verkaufen)	abr-ir (öffnen)
yo	trabaj-é	vend-í	abr-í
vos	trabaj-aste(s)	vend-iste(s)	abr-iste(s)
él / ella	trabaj-ó	vend-ió	abr-ió
nosotros/-as	trabaj-amos	vend-imos	abr-imos
ustedes	trabaj-aron	vend-ieron	abr-ieron
ellos/-as	trabaj-aron	vend-ieron	abr-ieron

Die 3. Person Mehrzahl („wir") ist für die Gegenwart und Vergangenheit meistens identisch. Trabajamos kann also sowohl „wir arbeiten" als auch „wir arbeiteten" bedeuten; das hängt vom Sinnzusammenhang ab.

Auch in der Vergangenheit sind einige Verben unregelmäßig. Genauer gesagt: Der Stamm verändert sich, aber die Endungen sind regelmäßig. Einziger Unterschied zu den regelmäßigen Verben: Unregelmäßige Verben, die in der 1. Person Einzahl („ich") auf -e enden, werden nie auf der Endung betont.

In der zweiten Spalte stehen die Einzahlformen der Vergangenheit:

Tätigkeitswörter (Verben)

andar (gehen, fahren)	**anduve**, **anduviste(s)**, **anduvo** ...
dar (geben)	**di**, **diste(s)**, **dio** ...
decir (sagen)	**dije**, **dijiste(s)**, **dijo** ...
estar (sein)	**estuve**, **estuviste(s)**, **estuvo** ...
hacer (machen)	**hice**, **hiciste(s)**, **hizo** ...
ir (gehen)	**fui**, **fuiste(s)**, **fue** ...
poder (können)	**pude**, **pudiste(s)**, **pudo** ...
poner (setzen, stellen, legen)	**puse**, **pusiste(s)**, **puso** ...
querer (wollen, lieben)	**quise**, **quisiste(s)**, **quiso** ...
tener (haben, besitzen)	**tuve**, **tuviste(s)**, **tuvo** ...
traer (bringen)	**traje**, **trajiste(s)**, **trajo** ...
venir (kommen)	**vine**, **viniste(s)**, **vino** ...
ver (sehen)	**vi**, **viste(s)**, **vio** ...

Alles Käse!

cuarenta y tres 43

Sein & Haben

Für das deutsche Verb „sein" gibt es im Spanischen zwei verschiedene Verben, nämlich ser und estar.

sein (ser / estar)				
	ser (sein)		**estar** (sein)	
	Gegenw.	**Verg.**	**Gegenw.**	**Verg.**
yo	soy	fui	estoy	estuve
vos	sos	fuiste(s)	estás	estuviste(s)
él / ella	es	fue	está	estuvo
nosotros/-as	somos	fuimos	estamos	estuvimos
ustedes	son	fueron	están	estuvieron
ellos/-as	son	fueron	están	estuvieron

Das Verb ser (sein) wird verwendet, wenn es um unveränderliche Zustände oder wesensmäßige (nicht vorübergehende) Eigenschaften geht, z. B. Nationalität, Religion, Beruf, Herkunft, Identifikation, bleibende Charaktereigenschaften, Farben.

Yo soy alemán.
ich bin deutsch(m)
Ich bin Deutscher.

Soy médica.
bin Ärztin
Ich bin Ärztin.

Soy de la Argentina.
bin von die Argentinien
Ich komme aus Argentinien.

Ésta es mi novia.
diese ist meine Freundin
Das ist meine Freundin.

Sein & Haben

Marcelo es muy divertido.
Marcelo ist sehr lustig
Marcelo ist sehr lustig.

La casa es chica pero cómoda.
die Haus ist kleine aber bequeme
Das Haus ist klein, aber bequem.

Estar (sein) bedeutet auch „sich befinden" und wird für vorübergehende Zustände und alles nicht Wesensmäßige verwendet, z. B. Ortsangaben, körperliches Befinden, Stimmung, Krankheit.

La tienda está en la Avenida Nueve de Julio.
die Geschäft (sich-)befindet in die Straße neun von Juli
Das Geschäft befindet sich in der Straße „9 de Julio".

Estoy muy fatigado / fatigada.
(mich-)befinde sehr erschöpft(m/w)
Ich bin sehr müde. *(sagt Mann / Frau)*

Ella está linda.
sie (sich-)befindet hübsche
Sie ist hübsch (zurechtgemacht).

Ella es linda.
Sie ist hübsch. (immer!)

Ella está linda.
Sie sieht hübsch aus. (momentan!)

Die Unterscheidung von ser *und* estar *spielt eine große Rolle, vergleichen Sie den Bedeutungsunterschied in nebenstehenden Sätzen!*

cuarenta y cinco | 45

Sein & Haben

Zu beachten ist in Sätzen mit ser und estar, dass ein Adjektiv als Teil der Satzaussage (Prädikat) sich in Zahl und Geschlecht nach dem Satzgegenstand (Subjekt) richtet.

Yo estoy cansado.   **Yo estoy cansada.**
ich (mich-)befinde müde   *ich (mich-)befinde müde(w)*
Ich bin müde.   Ich bin müde.
(sagt ein Mann)   *(sagt eine Frau)*

Vos sos lindo.   **Vos sos linda.**
du bist schön   *du bist schöne(w)*
Du bist schön.   Du bist schön.
(zu einem Mann)   *(zu einer Frau)*

Ist von einer gemischten Gruppe aus Männern und Frauen die Rede, wird die männliche Mehrzahlform verwendet.

Estamos cansados.
wir (uns-)befinden müde(Mz)
Wir sind müde. *(nur Männer, gemischte Gruppe)*

Estamos cansadas.
wir (uns-)befinden müde(w, Mz)
Wir sind müde. *(nur Frauen)*

haben/besitzen (tener)

tener (haben, besitzen)		
	Gegenwart	**Vergangenheit**
ich	**tengo**	**tuve**
du (vos)	**tenés**	**tuviste(s)**
er / sie	**tiene**	**tuvo**
wir	**tenemos**	**tuvimos**
ihr	**tienen**	**tuvieron**
sie	**tienen**	**tuvieron**

Satzstellung

Tengo un auto.
(ich-)besitze ein Auto
Ich habe ein Auto.

Tiene una novia.
(er-)besitzt eine Freundin
Er hat eine Freundin.

¿Cuánta plata tenés?
wieviel Silber (du-)besitzt
Wie viel Geld hast du?

No tenemos un auto.
nicht (wir-)besitzen Auto
Wir haben kein Auto.

Wache am Präsidentenpalast

Satzstellung

Die normale Wortstellung im Satz ist: Satzgegenstand (Subjekt) – Satzaussage (Prädikat) – Satzergänzung (Objekt). Diese Reihenfolge ändert sich auch nicht in Frage- und Nebensätzen. Nur die persönlichen Fürwörter stehen auch als Objekt immer vor dem Verb.

El médico tiene mucha plata.
der Arzt (er-)besitzt viele Silber
Der Arzt hat viel Geld.

Aunque el médico tiene mucha plata …
obwohl der Arzt (er-)besitzt viele Silber …
Obwohl der Arzt viel Geld hat …

Verlaufsform

Oft werden in einem Satz zwei parallel verlaufende Handlungen beschrieben, z. B. „Er spricht, während er isst." oder „Wir kommen und singen." Im Spanischen gibt es natürlich auch eine Möglichkeit, zwei gleichzeitige Handlungen auf elegante Art auszudrücken. Dazu benötigt man das so genannte Gerundium. Im Deutschen endet die entsprechende Form immer auf „-nd" (z. B. „gehend, singend"); im Spanischen lautet die Endung unverändert -ndo (hat also keine männlichen, weiblichen oder Mehrzahlformen). Bei der Bildung geht man von der Endung der Grundform (Infinitiv) aus:

-ar	→	-ando
trabajar	→	trabajando (arbeitend)
-er	→	-iendo
vender	→	vendiendo (verkaufend)
-ir	→	-iendo
abrir	→	abriendo (öffnend)

Die Haupthandlung wird durch das gebeugte Verb ausgedrückt, während das Gerundium für die zusätzliche oder untergeordnete Handlung verwendet wird, z. B.:

El chico viene comiendo.
der Junge (er-)kommt essend
Der Junge kommt und isst (dabei).

Partizip (Mittelwort der Vergangenheit)

La chica llega llorando.
die Mädchen (sie-)ankommt weinend
Das Mädchen kommt weinend an.

Um eine Handlung zu beschreiben, die gerade stattfindet (z. B. „gerade dabei sein, etwas zu tun"), verwendet man das Verb estar (sein) und bildet das Gerundium von dem jeweiligen Verb, um das es bei der Handlung geht. Besonders in der Umgangssprache hört man diese Form sehr oft.

Yo estoy trabajando.
ich (mich-)befinde arbeitend
Ich arbeite gerade.

Ella está comiendo.
sie (sich-)befindet essend
Sie isst gerade.

Partizip (Mittelwort der Vergangenheit)

Im Spanischen gibt es eine Verbform, die dem deutschen Partizip der Vergangenheit (z. B. „gemacht", „gekauft") entspricht. In der Umgangssprache werden Partizipien nicht zur Bildung zusammengesetzter Zeiten verwendet, sondern meistens als Eigenschaftswörter benutzt. Bei der Bildung geht man wieder von der Endung der Grundform aus.

Partizip (Mittelwort der Vergangenheit)

-ar	→	-ado
clausurar	→	clausurado (gesperrt)
-er	→	-ido
vender	→	vendido (verkauft)
-ir	→	-ido
traducir	→	traducido (geöffnet)

Das Partizip verhält sich wie ein Eigenschaftswort, insofern es sich in Zahl und Geschlecht nach dem Hauptwort richtet, auf das es sich bezieht. Die Endungen sind die regelmäßigen Endungen der Eigenschaftswörter (also -o, -a, -os, -as).

La calle está clausurada.
die Straße (sich-)befindet gesperrte
Die Straße ist gesperrt.

Está prohibido el contrabando de drogas.
(sich-)befindet verboten der Schmuggel von Drogen
Der Drogenschmuggel ist verboten.

Cancha de Bochas im Naturreservat Ischigualasto

Auffordern & Befehlen

Um eine einzelne Person aufzufordern, wird einfach das -s der 2. Person Einzahl („du") weggelassen:

trabajás	du arbeitest	¡trabajá!	arbeite!
comés	du isst	¡comé!	iss!
abrís	du öffnest	¡abrí!	öffne!

Aufforderung an eine einzelne Person

Bei der verneinten Aufforderung (Verbot) an eine einzelne Person ändert sich die Betonung und der Selbstlaut der Endung. Bei der Bildung geht man von der Grundform (Infinitiv) aus und stellt no (nein, nicht) voran: Die Grundform-Endung -ar wird zu -es, -er und -ir werden zu -as:

trabajar	arbeiten	¡no trabajes!	arbeite nicht!
comer	essen	¡no comas!	iss nicht!
abrir	öffnen	¡no abras!	öffne nicht!

Verbot an eine einzelne Person

Um eine Aufforderung (oder ein Verbot) an mehrere Personen zu richten, geht man wieder von der Grundform aus: -ar wird zu -en, -er und -ir werden zu -an. In der Mehrzahl gibt es bei der so gebildeten Aufforderung keinen Bedeutungsunterschied zwischen höflich („Sie") und normal („ihr").

Fragen

Aufforderung und Verbot an mehrere Personen

trabajar	arbeiten
¡(no) trabajen!	arbeitet / arbeiten Sie (nicht)!
comer	essen
¡(no) coman!	esst / essen Sie (nicht)!
abrir	öffnen
¡(no) abran!	öffnet / öffnen Sie (nicht)!

In der Umgangssprache fügt man oft das Wörtchen ya der Aufforderung hinzu; es hat ungefähr die gleiche Funktion wie das deutsche „mal", z. B. ¡traé ya! (hol mal!), ¡agarrá ya! (nimm mal!). In der Wort-für-Wort-Übersetzung steht zur Kennzeichnung der Befehlsform immer ein Ausrufezeichen in Klammern.

Fragen

Jeder geschriebene Fragesatz beginnt mit einem Fragezeichen, das auf dem Kopf steht. Daran kann man schon zu Beginn des Satzes erkennen, dass es sich um eine Frage handelt. Der Grund: Die Satzstellung der Frage ist dieselbe wie im normalen Aussagesatz. Nur die Tonlage einer Frage unterscheidet sich von der Aussage: Die Stimme steigt zum Satzende hin an.

Fragen

Entscheidungsfragen

Entscheidungsfragen sind Fragen, auf die man nur mit sí (ja) oder no (nein) antworten kann.

¿El micro llega a las veinte horas?
der Bus (er-)ankommt zu die(Mz) zwanzig Stunden
Kommt der Bus um 20 Uhr an?

Ergänzungsfragen

Ergänzungsfragen werden mit Fragewörtern gebildet. Man antwortet mit einem vollständigen Satz. Alle Fragewörter sind mit einem Akzent gekennzeichnet.

¿quién?	wer?	**¿cuántos?**	wie viele? (m)
¿qué?	was?	**¿cuántas?**	wie viele? (w)
¿cuál?	welches?	**¿por qué?**	warum?
¿cómo?	wie?		*wegen was*
¿cuán?	wie?	**¿dónde?**	wo?
¿cuándo?	wann?	**¿adónde?**	wohin?
¿cuánto?	wie viel?		*nach-wo*
¿cuánto tiempo?	wie lange? *wieviel Zeit*	**¿de dónde?**	woher? *von wo*

Cuán *(wie)* steht nur *in Verbindung mit Eigenschaftswörtern, z. B. ¿cuán grande? (wie groß?).*

¿Qué es esto?
was (es-)ist dies
Was ist das hier?

¿Qué es eso / aquello?
was (es-)ist das-da / jenes
Was ist das / das da?

Fragen

¿Quién es este señor? **¿Quién es esta señora?**
wer ist dieser Herr *wer ist diese Dame*
Wer ist dieser Herr? Wer ist diese Dame?

¿Cómo te llamás? **Me llamo O'Niel.**
wie dich (du-)nennst *mich (ich-)nenne O'Niel*
Wie heißt du? Ich heiße O'Niel.

¿Dónde vivís? **Vivo en Córdoba.**
wo (du-)lebst *(ich-)lebe in Córdoba*
Wo wohnst du? Ich wohne in Córdoba.

¿De dónde sos? **Soy de Alemania.**
von wo (du-)bist *(ich-)bin von Deutschland*
Woher kommst du? Ich komme aus Deutschland.

¿Por qué viniste a Argentina?
wegen was (du-)kamst zu Argentinien
Warum bist du nach Argentinien gekommen?

Para conocer el país.
für kennen der Land
Um das Land kennen zu lernen.

Para aprender castellano.
für lernen spanisch
Um Spanisch zu lernen.

¿Cuándo llegaste? **Hace tres meses.**
wann (du-)ankamst *(es-)macht drei Monate*
Wann bist du angekommen? Vor drei Monaten.

¿Cuánto sale esta campera de cuero?
wieviel (sie-)hinausgeht diese Jacke von Leder
Wie viel kostet diese Lederjacke?

Cien pesos.
hundert Pesos
100 Pesos.

Verneinung

Verben verneint man, indem man dem Verb das Wort no (nicht) voranstellt:

El chico no está en el bodegón.
der Junge nicht (er-sich-)befindet in der Weinstube
Der Junge ist nicht in der Weinstube.

Das Verb wird auch dann verneint, wenn man im Deutschen das Haupt- oder Eigenschaftswort verneint, z. B.:

No es tímido.   **No tenemos tiempo.**
nicht (er-)ist schüchtern *nicht (wir-)besitzen Zeit*
Er ist nicht schüchtern. Wir haben keine Zeit.

¿Me acompañás?   **No, no puedo.**   *Als Antwort auf*
mich (du-)begleitest *nein, nicht (ich-)kann* *eine Frage bedeutet*
Begleitest du mich? Nein, ich kann nicht. no *auch „nein".*

Modalverben (wollen, können, müssen ...)

Das Besondere bei den folgenden Verneinungen ist, dass sie das Verb umschließen: Vor dem Verb steht no (nicht), und danach folgt die eigentliche Verneinung. Diese doppelte Verneinung hebt sich jedoch nicht auf:

no ... nadie	niemand
no ... ningún (m)	kein(er, -es)
no ... ninguna (w)	keine)
no ... nunca	nie
no ... nada	nichts

No veo nada.
nicht (ich-)sehe nichts
Ich sehe nichts.

No veo ningún auto.
nicht (ich-)sehe kein Auto
Ich sehe kein Auto.

No vino nadie.
nicht (es-)kam niemand
Es kam niemand.

Modalverben (wollen, können, müssen ...)

Durch die Kombination mit einem geeigneten Modalverb kann man sich also behelfen, wenn man die Beugung eines Vollverbs nicht kennt!

Wie im Deutschen werden die Modalverben mit der Grundform eines anderen Verbs kombiniert. Je nach Bedeutung des Modalverbs wird die Bedeutung der Satzaussage verändert. Diese Konstruktion hat den großen Vorteil, dass man nur noch die Modalverben zu beugen braucht.

Modalverben (wollen, können, müssen ...)

querer	saber	tener que	poder	
quiero	sé	tengo que	puedo	yo
querés	sabés	tenés que	podés	vos
quiere	sabe	tiene que	puede	él / ella
queremos	sabemos	tenemos que	podemos	nosotros/-as
quieren	saben	tienen que	pueden	ustedes
quieren	saben	tienen que	pueden	ellos/-as

querer (wollen, lieben)

Quiero ver la película.
(ich-)will sehen die Film
Ich will den Film sehen.

¿Querés ir conmigo?
(du-)willst gehen mit-mir
Willst du mit mir gehen?

Yo te quiero mucho.
ich dich (ich-)liebe viel
Ich liebe dich sehr.

¿Ya no me querés?
schon nicht mich liebst
Liebst du mich nicht mehr?

Als Vollverb hat querer *die Bedeutung „lieben".*

Wenn man etwas verlangt, kann man die etwas höflichere Form **quisiera** (ich möchte) verwenden:

Quisiera una milanesa.
(ich-)möchte eine Schnitzel
Ich möchte ein Schnitzel.

Quisiera el diario „El Clarín".
(ich-)möchte der Zeitung „Das Horn"
Ich möchte den „Clarín".

cincuenta y siete 57

Modalverben (wollen, können, müssen ...)

saber (wissen, können)

Saber heißt „wissen", wird aber auch bei erlernten Fähigkeiten in der Bedeutung von „können" verwendet.

No sé tocar el piano.
nicht (ich-)weiß berühren der Klavier
Ich kann nicht Klavier spielen.

Ella sabe jugar al ajedrez.
sie (sie-)weiß spielen zu-der Schach
Sie kann Schach spielen.

tener que (müssen)

Tener que *ist von* tener *(haben, besitzen) abgeleitet.*

Tengo que ir de compras.
(ich-)besitze dass gehen von Einkäufe
Ich muss einkaufen gehen.

Tengo que tomar el subte.
(ich-)besitze dass nehmen der U-Bahn
Ich muss die U-Bahn nehmen.

poder (können, dürfen)

Poder *heißt „können" im Sinne einer Erlaubnis oder Möglichkeit.*

¿Me podés ayudar? **Sí, te puedo ayudar.**
mir (du-)kannst helfen *ja, dir (ich-)kann helfen*
Kannst du mir helfen? Ja, ich kann dir helfen.

No se puede fumar acá.
nicht sich (es-)kann rauchen hier
Man darf hier nicht rauchen.

¿Podría ..., por favor?
(ich-)könnte ..., wegen Gefallen
Könnte ich ..., bitte?

Hay que (Man muss)

Hay ist ein unpersönlicher Ausdruck mit der Bedeutung „es gibt". Man verwendet hay bei allgemeinen Ortsangaben und zählbaren Dingen:

En la calle hay una farmacia.
in die Straße es-gibt eine Apotheke
In der Straße gibt es eine Apotheke.

Steht die Ortsangabe jedoch mit dem bestimmten Artikel (el, la), muss man statt dessen estar (sein, sich befinden) verwenden.

El albergue de juventud está en la calle Brasil.
der Herberge von Jugend (sie-sich-)befindet in die Straße Brasilien
Die Jugendherberge ist in der Straße „Brasil".

Kombiniert man nun hay mit einem nachgestellten que, wird daraus ein unpersönlicher Modalausdruck. Dieser hat die Bedeutung „es ist notwendig" oder „man muss".

Hay que doblar a la derecha acá.
es-gibt dass abbiegen zu die Rechte hier
Man muss hier nach rechts abbiegen.

Wem? oder Wen?

Im Deutschen ist dies der 3. bzw. der 4. Fall. Sie stehen für das so genannte indirekte bzw. das direkte Objekt (Satzergänzung).

Das Spanische macht bei den persönlichen Fürwörtern einen Unterschied zwischen „ihm" und „ihn" bzw. „ihr" und „sie". Diesen Unterschied machen die Fürwörter nur in der 3. Person Ein- und Mehrzahl. Anders als im Deutschen stehen sie immer vor dem Verb.

Frage: „wem?"		Frage: „wen? / was?"	
me	mir	**me**	mich
te	dir	**te**	dich
le	ihm, ihr	**lo** (m), **la** (w)	ihn, es, sie
nos	uns	**nos**	uns
les	euch, ihnen	**los** (m), **las** (w)	euch, sie (Mz)

La chica lo tiene.
die Mädchen es besitzt
Das Mädchen hat es.

El hombre la conoce.
der Mann sie (er-)kennt
Der Mann kennt sie.

Te doy el libro.
dir (ich-)gebe der Buch
Ich gebe dir das Buch.

Te veo.
dich (ich-)sehe
Ich sehe dich.

La quiere.
sie (er-)liebt
Er mag sie.

Lo detesta.
ihn (sie-)verabscheut
Sie verabscheut ihn.

Le doy la plata.
ihm/ihr (ich-)gebe die Silber
Ich gebe ihm / ihr das Geld.

Wem? oder Wen?

Le escribo una carta.
ihm/ihr (ich-)schreibe eine Brief
Ich schreibe ihm / ihr einen Brief.

Zusammen mit einer Aufforderung werden diese Fürwörter direkt an die Befehlsform angehängt:

¡Buscalo!	**¡Escuchame!**	**¡Decime!**
such(!)-es/-ihn	*hör(!)-mich*	*sag(!)-mir*
Such es / ihn!	Hör mir zu!	Sag mir!

Betonte Fürwörter & Verhältniswörter

Da einige Fürwörter mehrere Bedeutungen haben, kann man zur Verdeutlichung noch deren betonte Variante verwenden, die dann zusätzlich am Satzende steht. Sie wird gebildet mit a plus dem ungebeugten persönlichen Fürwort. Ausnahme ist 1. Person Einzahl, bei der mí (mir) anstelle von yo (ich) steht. Bei der 2. Person Einzahl kann neben vos (du) auch ti (dir) stehen.

Le doy la plata a él.   **Le doy la plata a ella.**
ihm gebe die Silber zu er   *ihr gebe die Silber zu sie*
Ich gebe ihm das Geld.   Ich gebe ihr das Geld.

Auch wenn das Fürwort eindeutig ist, ist die Wiederholung mit der betonten Form am Satzende sehr gebräuchlich.

Die persönlichen Fürwörter können auch mit anderen Verhältniswörtern kombiniert werden, z. B. mit para (für) und con (mit). Anstelle von yo steht wieder mí, neben vos wird auch ti verwendet.

sesenta y uno 61

Rückbezügliche Verben

para mí	*für mir*	für mich
para vos / ti	*für du / dir*	für dich
para él / ella	*für er / sie*	für ihn / sie
para nosotros	*für wir*	für uns
para ustedes	*für ihr*	für euch
para ellos / ellas	*für sie(m/wMz)*	für sie

Zusammen mit con (mit) entsteht eine zusammengezogene Form:

con	+	mí	→	conmigo	mit mir
con	+	ti	→	contigo	mit dir
con	+	sí	→	consigo	mit sich

Rückbezügliche Verben

Die rückbezüglichen (reflexiven) Verben erkennt man in der Grundform an der Endung -se (sich), z. B. acordarse (sich erinnern) oder lavarse (sich waschen). Bei der Beugung trennt sich -se vom eigentlichen Verb und wird zu einem selbständigen rückbezüglichen Fürwort, das direkt vor dem Verb steht.

Die rückbezüglichen Fürwörter stimmen mit Ausnahme der 3. Person Ein- und Mehrzahl mit den gebeugten persönlichen Fürwörtern überein.

lavarse	sich waschen
me lavo	ich wasche mich
te lavás	du wäschst dich
se lava	er / sie wäscht sich
nos lavamos	wir waschen uns
se lavan	ihr wascht euch / sie waschen sich

Rückbezügliche Verben

Viele Verben, die im Spanischen rückbezüglich sind, müssen dies nicht im Deutschen sein (oder umgekehrt), z. B.:

pararse	anhalten	**casarse**	heiraten
levantarse	aufstehen	**llamarse**	heißen
despertarse	aufwachen	**alquilarse**	mieten
quitarse, **sacarse**	ausziehen (Kleidung)	**detenerse**	stehen bleiben
bañarse	baden	**mudarse**	umziehen (Wohnung)
quedarse	bleiben	**irse**	weggehen
sentirse	fühlen	**hacerse**	werden

Se lässt sich auch mit „man" übersetzen und wird in unpersönlichen oder passiven Ausdrücken verwendet.

Se vende esta casa.
sich (sie-)verkauft diese Haus
Dieses Haus wird verkauft.

Se venden estos departamentos.
sich (sie-)verkaufen diese Wohnungen
Diese Wohnungen werden verkauft.

Se habla alemán.
sich (es-)spricht deutsch
Man spricht Deutsch.

Se necesita cadete.
sich (es-)braucht Aushilfe
Man braucht (Wir brauchen ...) eine Aushilfe.

Bindewörter

Bindewörter

Die Bindewörter (Konjunktionen) werden wie im Deutschen verwendet, um Sätze oder einzelne Satzteile miteinander zu verbinden. Die Wortstellung ist dieselbe wie im Hauptsatz.

y	und	**aunque**	obwohl
o	oder	**sino**	sondern
pero	aber	**porque**	weil
si	ob, wenn, falls	**que**	welche/r, welches
cuando	als, wenn	**que**	dass
para	um zu (+ Grundform)		

¿Qué te parece si vamos al cine?
was dir (es-)scheint falls (wir-)gehen zu-der Kino
Was hältst du davon, wenn wir ins Kino gehen?

No vayas con ropa elegante cuando te invitan un domingo.
nicht (du-)gehest(!) mit Kleidung elegant wenn dich (sie-)einladen ein Sonntag
Geh nicht in eleganter Kleidung, wenn man dich sonntags einlädt.

No encuentro el correo porque no soy de acá.
nicht (ich-)finde der Post weil nicht bin von hier
Ich finde die Post nicht, weil ich nicht von hier bin.

Verhältniswörter

Chico vino aunque nadie lo suponía.
Chico (er-)kam obwohl niemand es (er-)vermutete
Chico kam, obwohl es niemand vermutete.

Voy al correo para mandarle una carta a mi amigo Juan.
(ich-)gehe zu-der Post für schicken-ihm eine Brief zu mein Freund Juan
Ich gehe zur Post, um meinem Freund Juan einen Brief zu schicken.

Verhältniswörter

Mit den Verhältniswörtern (Präpositionen) kann man räumlich-zeitliche und allgemeine Beziehungen ausdrücken. Sie stehen vor dem Haupt- oder Fürwort, auf das sie sich beziehen.

con	mit	de	von, aus (örtl.)
junto con	zusammen mit	en	in (örtl.)
sin	ohne	debajo de	unter
para	für, um zu	encima de	auf
contra	gegen	sobre, arriba de	über (örtl.)
según	gemäß	entre	zwischen
por	wegen, durch	al lado de	neben
desde	seit (zeitl.)	delante de	vor (örtl.)
hasta	bis (zeitl.)	detrás de	hinter (örtl.)
antes (de)	vor (zeitl.)	fuera (de)	außerhalb (von)
después (de)	nach (zeitl.)	dentro (de)	innerhalb (von)
durante	während	enfrente (de)	gegenüber (von)
hacia, a	zu, nach (örtl.)	lejos (de)	weit entfernt (von)

Verhältniswörter

Die Wörter, bei denen de (von) in Klammern steht, sind ohne de Umstandswörter (Adverbien) und mit de Verhältniswörter:

Mi casa está lejos.
Mein Haus ist weit entfernt.

Mi casa está lejos del centro.
Mein Haus ist weit entfernt vom Zentrum.

Die weiblichen Artikel verschmelzen dagegen niemals mit dem bestimmten Artikel zu einem Wort!

Einige Verhältniswörter verschmelzen mit dem männlichen bestimmten Artikel el (der) und bilden dann folgende Formen:

a + el	→	al	zu dem, zum, nach dem
de + el	→	del	von dem, vom

Richtungsangabe mit „a"

A (zu, nach) bezeichnet das Ziel, die Richtung oder wird für eine Zeitbestimmung verwendet. Je nach Zusammenhang kann es im Deutschen oft mit einem anderen Verhältniswort übersetzt werden, die Grundbedeutung bleibt jedoch erhalten, z. B.:

Vamos a Argentina.
(wir-)gehen zu Argentinien
Wir fahren nach Argentinien.

Voy a Uruguay.
(ich-)gehe zu Uruguay
Ich fahre nach Uruguay.

Verhältniswörter

El micro sale a las veinte horas.
der Bus (er-)hinausgeht zu die(Mz) 20 Stunden
Der Bus fährt um 20 Uhr ab.

No comemos a mediodía.
nicht (wir-)essen zu Mittag
Wir essen mittags nicht.

Wichtig: a wird auch verwendet, wenn Personen direktes Objekt (Satzergänzung) sind. Vergleiche:

Veo un gato.   aber: **Veo a un amigo.**
(ich-)sehe ein Kater   *(ich-)sehe zu ein Freund*
Ich sehe eine Katze.   Ich sehe einen Freund.

Adoro la música. aber: **Adoro a mi novia.**
(ich-)liebe die Musik   *liebe zu meine Freundin*
Ich liebe die Musik.   Ich liebe meine Freundin.

Orts- & Zeitangaben mit „en"

Die Grundbedeutung von en ist „in". Im Unterschied zu a (zu, nach), das eine Bewegung ausdrückt, wird mit en eine Ortsangabe oder ein bestimmter Zeitpunkt bezeichnet. Daher kann es je nach Zusammenhang auch mit „in, an, auf, bei" übersetzt werden.

En bezeichnet eine Ortsangabe typischerweise zusammen mit dem Verb estar (sein, sich befinden), niemals jedoch mit ser (sein)!

Verhältniswörter

Estoy en casa.
(ich-mich-)befinde in Haus
Ich bin zu Hause.

El libro está en la mesa.
der Buch (er-sich-)befindet in die Tisch
Das Buch liegt auf dem Tisch.

El correo central está en la avenida Leandro N. Alem.
der Post zentral (er-sich-)befindet in die Straße Leandro N. Alem
Die Hauptpost befindet sich in der Straße Leandro N. Alem.

Me gusta ir en barco.
mir (es-)gefällt gehen in Boot
Ich mag es, Boot zu fahren.

Yo voy en colectivo.
ich (ich-)gehe in Bus
Ich fahre mit dem Bus.

Llegamos en dos horas.
(wir-)ankommen in zwei Stunden
Wir kommen in 2 Stunden an.

Venimos en una semana.
(wir-)kommen in eine Woche
Wir kommen in einer Woche.

Verhältniswörter

Zusammengehörigkeit mit „de"

Die Grundbedeutung von de ist „von". Es wird für zusammengesetzte Hauptwörter, Zugehörigkeit (Besitz), zur Angabe des Material, aus dem etwas hergestellt ist, zur Angabe der Herkunft sowie des Themas verwendet.

la puerta de la casa
die Tür von die Haus
die Haustür

el aumento de sueldo
der Erhöhung von Lohn
die Gehaltserhöhung

la madre de Pedro
die Mutter von Pedro
Pedros Mutter

el auto de Nane
der Auto von Nane
Nanes Auto

una campera de cuero
eine Jacke von Leder
eine Lederjacke
(= aus Leder)

una torta de frutilla
eine Torte von Erdbeere
eine Erdbeertorte
(= aus / mit Erdbeeren)

Hablamos de amor.
(wir-)sprechen von Liebe
Wir sprechen über Liebe.

Un libro de medicina.
ein Buch von Medizin
Ein Buch über Medizin.

Yo soy de Alemania.
ich bin von Deutschland
Ich komme aus Deutschland.

Vos sos de Buenos Aires.
du bist von Buenos Aires
Du kommst aus Buenos Aires.

Im Spanischen drückt man die Herkunft bzw. Nationalität immer mit ser de *(sein von), nicht aber mit* venir *(kommen) aus.*

sesenta y nueve

Verhältniswörter

Begründung / Absicht mit „para"

Para *(für)* kann zusammen mit der Grundform eines Verbs im Sinne einer Begründung oder Absicht verwendet werden und erspart so kompliziertere Konstruktionen.

Trabajo para mis hijos.
(ich-)arbeite für meine Kinder
Ich arbeite für meine Kinder.

un regalo para mi novia
ein Geschenk für meine Freundin

Yo vine para aprender el castellano.
ich (ich-)kam für lernen der Castellano
Ich bin gekommen, um Spanisch zu lernen.

In der Umgangssprache wird para meist wie pra oder pa ausgesprochen.

Räumliches „por" & Begründung mit „por"

Por *hat die räumliche Grundbedeutung „durch", im übertragenen Sinn heißt es auch „wegen" (Begründung).*

un libro escrito por mí
ein Buch geschrieben durch mich
ein von mir geschriebenes Buch

clausurado por inundación
gesperrt wegen Überschwemmung
wegen Überschwemmung gesperrt

prohibido sacar los brazos por las ventanillas
verboten herausnehmen die Arme durch die Fenster
Arme aus dem Fenster strecken verboten

Estamos paseando por la ciudad.
(wir-)sind gehend durch die Stadt
Wir gehen durch die Stadt spazieren.

Dass oder Das?

Das spanische Wort que bedeutet sowohl „dass" als auch „das". Que kann eine indirekte Rede einleiten:

Pienso que ella es muy linda.
(ich-)denke dass sie (sie-)ist sehr hübsch
Ich denke, dass sie sehr hübsch ist.

Yo creo que va a llover hoy.
ich glaube dass (es-)geht zu regnen heute
Ich glaube, dass es heute regnen wird.

Einen Nebensatz zur näheren Erläuterung eines bestimmten Hauptwortes nennt man Relativsatz. Er wird im Spanischen mit que (welche, -r, -es) eingeleitet, egal ob es sich um ein männliches oder weibliches Wort handelt.

Ésta es la camisa que quiero comprar.
diese (sie-)ist die Hemd welche (ich-)will kaufen
Dies ist das Hemd, das ich mir kaufen will.

Beim Vergleichen wird más (mehr) bzw. menos (weniger) mit que (als) verknüpft (vgl. Kapitel „Steigern & Vergleichen").

Vos sos más linda que tu hermana.
du bist mehr hübsche(w) als deine Schwester
Du bist hübscher als deine Schwester.

Zahlen & Zählen

Zahlen & Zählen

Die Zahlen werden bis auf wenige Ausnahmen sehr regelmäßig gebildet.

Grundzahlen

0	cero	10	diez	20	veinte
1	uno	11	once	30	treinta
2	dos	12	doce	40	cuarenta
3	tres	13	trece	50	cincuenta
4	cuatro	14	catorce	60	sesenta
5	cinco	15	quince	70	setenta
6	seis	16	diez y seis, dieciséis	80	ochenta
7	siete	17	diez y siete, diecisiete	90	noventa
8	ocho	18	diez y ocho, dieciocho	100	cien
9	nueve	19	diez y nueve, diecinueve		

Die zusammengesetzten Zahlen ab 16 werden aus Zehner, **y** und den Einer gebildet, also genau andersherum als im Deutschen.

32	**treinta y dos**	*dreißig und zwei*
57	**cincuenta y siete**	*fünfzig und sieben*
89	**ochenta y nueve**	*achtzig und neun*

Bei den Hundertern und Tausendern geht man wie im Deutschen vor. Zu beachten ist

Zahlen & Zählen

nur, dass „100" in allen zusammengesetzten Zahlen ciento heißt und erst ab „200" zu cientos oder cientas wird, je nach Geschlecht des zugehörigen Hauptwortes.

100	cien	600	seiscientos
200	doscientos	700	setecientos
300	trescientos	800	ochocientos
400	cuatrocientos	900	novecientos
500	quinientos	1000	mil

Achtung bei den Zahlen 500, 700 und 900: Man sagt z. B. nicht etwa „cincocientos", sondern quinientos *(500)!*

367	trescientos sesenta y siete
485	cuatrocientos ochenta y cinco
532	quinientos treinta y dos
750	setecientos cincuenta
1993	mil novecientos noventa y tres

Ordnungszahlen

Die Ordnungszahlen haben eine männliche und eine weibliche Form. Sie richten sich wie Eigenschaftswörter nach dem dazugehörigen Hauptwort. Für die weibliche Form ersetzt man das -o durch -a.

primero	erster	séptimo	siebter
segundo	zweiter	octavo	achter
tercero	dritter	noveno	neunter
cuarto	vierter	décimo	zehnter
quinto	fünfter	último	letzter
sexto	sechster		

Zeit & Datum

Stehen die Ordnungszahlen primero und tercero direkt vor einem männlichen Hauptwort, entfällt das -o:

primer piso	erster Stock
primera calle	erste Straße
tercer piso	dritter Stock
tercera calle	dritte Straße

Zeit & Datum

Pünktlichkeit wird in Argentinien nicht ganz so ernst genommen wie in Deutschland.

allgemeine Zeitangaben

hoy	heute
después	nachher
luego, entonces	dann
al final	schließlich
mañana	morgen
pasado mañana	übermorgen
ayer	gestern
anteayer	vorgestern
la última vez	letztes Mal
todavía, aún	noch
anoche	gestern Abend
pronto	bald
ya	schon
temprano	früh
ya no	nicht mehr

Zeit & Datum

tarde	spät
más tarde	später
antes	vorher
siempre	immer
frecuentemente, a menudo	oft

hace una semana
(es-)macht eine Woche
vor einer Woche

hace un mes
(es-)macht ein Monat
vor einem Monat

en marzo
in März
im März

el domingo
der Sonntag
am Sonntag

esta mañana / tarde / noche
diese Morgen / Abend / Nacht
heute Morgen / Nachmittag / Nacht

la semana que viene **la semana pasada**
die Woche welche kommt *die Woche vergangene*
nächste Woche letzte Woche

el mes pasado
der Monat vergangen
letzten Monat

el año pasado
der Jahr vergangen
letztes Jahr

aproximadamente dos semanas / meses / años
ungefähr zwei Wochen / Monate / Jahre
ungefähr zwei Wochen / Monate / Jahre

hasta mañana
bis morgen
bis morgen

hasta el lunes que viene
bis der Montag welcher kommt
bis nächsten Montag

setenta y cinco

Zeit & Datum

¿Cuánto tiempo hace que estás acá?
wieviel Zeit (es-)macht welche (dich-)befindest hier
Wie lange bist du schon hier?

Desde hace una semana.
seit (es-)macht eine Woche
Seit einer Woche.

Vámonos, ya es tarde. **Aún no lo sé.**
gehen-wir, schon (es-)ist spät *noch nicht es (ich-)weiß*
Gehen wir, es ist schon Ich weiß es noch
spät. nicht.

Pedro ya no está en casa.
Pedro schon nicht (er-sich-)befindet in Haus
Pedro ist nicht mehr zu Hause.

Uhrzeit

¿Qué hora es? **¿Qué hora tenés?**
was Stunde ist *was Stunde (du-)besitzt*
Wie spät ist es? Wie spät hast du's?

¿Tenés hora?
(du-)besitzt Stunde
Weißt du, wie spät es ist?

Bei allen Uhrzeiten wird der weibliche Artikel la oder las gebraucht. Er bezieht sich auf hora (Stunde) bzw. horas (Stunden), das meist weggelassen wird.

Zeit & Datum

Es la una.
ist die eine
Es ist ein Uhr.

Son las tres.
(sie-)sind die(Mz) drei
Es ist drei Uhr.

Son las veinte horas.
(sie-)sind die 20 Stunden
Es ist 20 Uhr.

Son las cuatro menos diez.
(sie-)sind die vier weniger zehn
Es ist 10 vor vier.

Son las cuatro y cinco.
(sie-)sind die vier und fünf
Es ist fünf nach vier.

Son las cuatro y media.
(sie-)sind die vier und halbe
Es ist halb fünf.

Nicht verwechseln:
cuatro *heißt „vier",*
cuarto *heißt „Viertel"!*

Son las cuatro y / menos cuarto.
(sie-)sind die vier und / weniger viertel
Es ist Viertel nach / vor vier.

¿A qué hora(s)?   A las nueve menos cuarto.
zu was Stunde(n)   zu die neun minus viertel
Um wie viel Uhr? Um Viertel vor neun.

¿Cuándo llegamos?   **¿A qué hora venís?**
wann (wir-)ankommen   *zu was Stunde kommst*
Wann kommen wir an? Um wie viel Uhr kommst du?

setenta y siete | 77

Zeit & Datum

Gibt man die Uhrzeit im 12-Stunden-System an (also „2 Uhr" statt „14 Uhr"), stellt man der Uhrzeit die Angabe des Tagesabschnitts nach.

... de la mañana	am Vormittag
... del mediodía	am Mittag
... de la tarde	am Nachmittag
... de la noche	in der Nacht, am Abend

Wochentage

lunes	Montag
martes	Dienstag
miércoles	Mittwoch
jueves	Donnerstag
viernes	Freitag
sábado	Samstag
domingo	Sonntag
festivo	Feiertag
día hábil, día laborable	Werktag
fin de semana	Wochenende

Die Wochentage sind männlich. Stellt man dem Wochentag den bestimmten Artikel el voran, erhält man z. B. für el jueves die Bedeutung „am Donnerstag", stellt man dagegen los voran, erhält man für los jueves die Bedeutung „donnerstags".

en 1966 (mil novecientos sesenta y seis)
in tausend neunhundert sechzig und sechs
(im Jahr) 1966

Zeit & Datum

Monate

enero	Januar
febrero	Februar
marzo	März
abril	April
mayo	Mai
junio	Juni
julio	Juli
agosto	August
septiembre	September
octubre	Oktober
noviembre	November
diciembre	Dezember

Datum

Für die Datumsangabe werden die Grundzahlen verwendet. Nur der „erste" des Monats wird mit der Ordnungszahl angegeben.

el primero de abril
der erste von April
am ersten April

el siete de agosto
der sieben von August
am siebten August

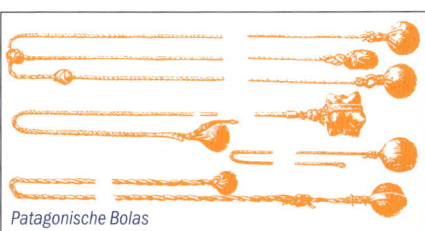

Patagonische Bolas

Iguazú-Wasserfälle

Kurz-Knigge

Die folgenden Anmerkungen beziehen sich vor allem auf Buenos Aires, dessen Zentrum Capital Federal (Bundeshauptstadt) genannt wird. Auch hier gibt es Straßenkriminalität. Es ist selbstverständlich, dass Sie auf Fotoapparat, Portemonnaie und Brieftasche gut aufpassen. Stellen Sie vor allem Ihr technisches Equipment oder sonstige Kostbarkeiten nicht zur Schau!

Das **Nachtleben** in Großstädten ist rege. Bei jungen Leuten ist es üblich, am Wochenende eine Nacht durchzumachen (trasnochar), die Kinos sind entsprechend darauf eingerichtet, und die meisten Restaurants und Kneipen im Zentrum schließen erst früh morgens. Man wird jedoch selten einen Betrunkenen auf der Straße antreffen.

Bei **Verabredungen** sollte man sich nicht über Unpünktlichkeit wundern. Besonders bei Frauen gehört eine halbe bis eine Stunde als „guter Ton" einfach dazu. Ist man zum Essen eingeladen, ist eine halbe Stunde später obligatorisch, in dieser Zeit verpasst der Koch / die Köchin dem Essen den letzten Schliff.

Unterhaltungen verlaufen in der Regel lautstark, man diskutiert auf offener Straße stundenlang, und was für uns eher fremd ist: Man schaut sich immer direkt in die Augen. Schüchternes Zur-Seite-sehen wird als „in-

Kurz-Knigge

teressiert mich nicht, was du zu sagen hast" interpretiert.

Schlangestehen ist üblich – aber nicht vordrängeln! Immer wenn mehr als zwei oder drei Leute auf etwas warten, bilden sich automatisch Schlangen, sogar an Bushaltestellen.

Da der Vater die größeren Rechte bezüglich der **Kinder** hat, müssen Mütter, die allein mit ihren Kindern nach Argentinien reisen, eine schriftliche Erlaubnis des Vaters vorlegen können (übersetzt, beglaubigt und vom argentinischen Konsulat gestempelt). Es kommt zwar nicht häufig vor, aber man sollte eventuellen Schwierigkeiten an der Grenze vorbeugen.

Selbst bei höchsten **Temperaturen** im Sommer sind kurze Hosen für Männer nicht angebracht, sie stellen ein Zeichen der Armut dar. Stattdessen schwitzt man lieber in gerammelt vollen Bussen in feinem Anzug und Krawatte. Frauen dagegen tragen selbst im Winter Mini, wenn es gerade Mode ist.

An den Klingeln oder Haustüren stehen keine Namen. Wenn man **Adressen** aufschreibt, sollte man also immer auch Stockwerk und Haustür notieren.

Im Allgemeinen ist schicke **Garderobe** angesagt. Wird man aber am Sonntag zum Mittag- oder Abendessen bei einer argentinischen Familie eingeladen, die ein eigenes Haus hat, dann zieht man besser keine elegante Kleidung an, denn es wird sicher eine parrilla (Grillfest) geben. Ein Haus ohne Grill, besonders auf dem Lande, ist wie in Deutschland eine Wohnung ohne Heizung.

In **Aufzügen** und **öffentlichen Verkehrsmitteln** gilt „Ladies first". Auf Straßen geht die Frau auf der Häuserseite, der Mann auf der (gefährlicheren) Autoseite.

Man isst nie auf der Straße oder im Bus. Dies gilt als unfein, da sich die Argentinier viel Zeit zum **Essen** nehmen. Das Eis, das auf der Straße verkauft wird, schleckt man direkt am Eisstand. Das Abendessen findet gewöhnlich später als in Deutschland statt, meist ab 21.00 Uhr.

Gesten

Das **Augenlid** mit einem Finger runterziehen bedeutet: Achtung! oder Aha!

Eine **Drehbewegung mit der ganzen Hand** an der Wange bedeutet „bescheuert".

Kratzen am Kinn ist wie in Deutschland Kratzen am Kopf: „Ich weiß nicht so recht".

Ein üblicher Art und Weise, jemanden zu sich zu rufen, ist das **Schnalzen** („ts, ts").

Frauen wird oft hinterhergepfiffen, besonders den hübschen. Je nach Tonfall ist das **Pfeifen** im Allgemeinen nicht abwertend gemeint. (Trotzdem nicht nachmachen, man könnte an die Falsche geraten).

Namen & Anrede

Namen & Anrede

Verheiratete Frauen haben zwei Nachnamen: der erste ist der Familienname der Eltern (Mädchenname), der zweite ist der Nachname des Ehemannes. Die Kinder erhalten als einzigen Nachnamen (apellido) den Familiennamen des Vaters. Das aus Spanien und vielen lateinamerikanischen Ländern bekannte System der zwei Familiennamen für Männer und Frauen (väterlicher- und mütterlicherseits) ist in Argentinien nicht üblich.

In vielen Satzbeispielen im Konversationsteil wurde die vos-Form gewählt. Wer sich nicht sicher ist, ob er diese verwenden soll, kann die Sie-Form (3. Pers. Ez) verwenden.

In Argentinien siezt man sich kaum. Stattdessen wird man fast immer mit vos (du) angeredet. Dieses Wörtchen stammt von dem Spanien-spanischen vosotros (ihr) ab. Deshalb ist die Anrede mit vos keineswegs plump-vertraulich, sondern stellt ganz im Gegenteil eine alte Höflichkeitsform dar.

Sehr oft verwendet werden Ausdrücke wie:

che viejo / vieja	mein/e Alter / Alte
che flaco / flaca	mein/e Dünner / Dünne
che gordo / gorda	mein/e Dicker / Dicke
che chico / chica	mein/e Kleiner / Kleine

Ernesto „Che" Guevara erhielt seinen Beinamen in Cuba aufgrund seiner argentinischen Sprachgewohnheiten.

Es handelt sich dabei aber weder um Beleidigungen, noch darf man die Eigenschaft wörtlich nehmen. Che ist ein Wort aus dem Guaraní und bedeutet „mein" oder auch einfach nur „he ...!" (als Anrede). Es wird als Anredeform auch allein verwendet.

Begrüßen & Verabschieden

Bei Begrüßungen gibt man sich einen Kuss auf die Wange und umarmt sich, vor allem Frauen unter sich. Nur Männer untereinander schütteln sich die Hände, nicht aber Männer und Frauen. Manchmal geben sich auch Männer einen Wangenkuss, ohne dass das eine homosexuelle Bedeutung hat. Überhaupt ist viel mehr Körperkontakt als bei uns üblich, man klopft sich auf die Schulter, streichelt sich über die Haare usw.

Mit einem Smartphone können Sie sich die mit einem 🔊 gekennzeichneten Sätze dieses Kapitels anhören. Scannen Sie einfach den QR-Code mit Hilfe einer kostenlosen App (z. B. „Barcoo" oder „Scanlife").

Begrüßen

Am häufigsten begrüßt man sich mit hola (hallo):

🔊 **Hola, ¿qué tal?**	Hallo, wie geht's?
Hola, ¿cómo andás?	

Dieses „wie geht's" wird dabei meistens nicht als konkrete Frage aufgefasst, sondern oft mit derselben Floskel beantwortet.

🔊 **Buen día. / Buenos días.**	Guten Morgen.
🔊 **Buenas tardes.**	Guten Tag / Abend.
🔊 **Buenas noches.**	Gute Nacht.

Bis zum Mittagessen ist buen día bzw. buenos días angebracht. Bis zum Einbruch der Dun-

Begrüßen & Verabschieden

kelheit sagt man buenas tardes und danach buenas noches. Letzteres wird im Gegensatz zum deutschen Ausdruck nicht nur vor dem Schlafengehen gebraucht, sondern immer, wenn es draußen schon dunkel ist.

Verabschieden

Adiós. /	Auf Wiedersehen.
Hasta la vista.	
Chau.	Tschüss.
Chaucito.	Tschüsschen.
¡Suerte!	Glück!
¡Buen viaje!	Gute Reise.
Hasta pronto.	Bis bald.
Hasta luego.	Bis dann.
Hasta mañana.	Bis morgen.
Saludos a todos.	Grüße an alle.
Recuerdos a …	Grüße an …

Me voy.   **Tengo que irme ahora.**
mich (ich-)gehe   *(ich-)besitze dass gehen-mich jetzt*
Ich gehe.   Ich muss jetzt gehen.

Wenn man sich voraussichtlich längere Zeit nicht sieht, wünscht man sich suerte (Glück). Die Ausdrücke chaucito und hasta lueguito sind typische Verkleinerungsformen, die man ins Deutsche außer durch „-chen" oder „-lein" nicht übersetzen kann.

Bitten, Danken, Wünschen

Bitten, Danken, Wünschen

Floskeln für „bitte" und „danke" kommen in fast jedem Gespräch vor.

bitten

🕪 **Por favor.**	Bitte!
wegen Gefallen	(um etwas bitten)
🕪 **Con permiso, ¿puedo ...?**	Bitte, darf ich ...?
mit Erlaubnis, (ich-)kann ...	
🕪 **¿Me permitís?**	Gestattest du?
mir (du-)erlaubst	(Gestatten Sie?)
🕪 **¡Servite!**	Bitte sehr!
bedien(!)-dich	(etwas anbieten)
🕪 **¿Cómo decís?**	Wie bitte?
wie (du-)sagst	

Mit einem Smartphone können Sie sich die mit einem 🕪 gekennzeichneten Sätze dieses Kapitels anhören.

danken

Gracias.	Danke!
🕪 **Muchas gracias.**	Vielen Dank!
🕪 **Muchas gracias por ...**	Vielen Dank für ...!
viele Danke wegen ...	
🕪 **Te agradezco tu amabilidad.**	Danke für deine / Ihre Freundlichkeit!
dir (ich-)danke dein Freundlichkeit	
No, de nada.	Keine Ursache!
nein, von nichts	

ochenta y siete | 87

Bitten, Danken, Wünschen

sich entschuldigen

Permiso.	Entschuldigung! (in einer Menschenmenge)
Perdón.	Verzeihung!
Disculpe.	Entschuldigung!
Lo siento.	Tut mir Leid!
No pasó nada. *nicht (es-)passierte nichts*	Es ist nichts passiert!
No te preocupes. *nicht dich sorgest(!)*	Mach dir / Machen Sie sich keine Sorgen!

wünschen

¡Salud!	Gesundheit, Prost!
¡Chin-chin!	Prost!
¡Buena suerte!	Viel Glück!
¡Te deseo mucha suerte! *dir (ich-)wünsche viele Glück*	Ich wünsche dir viel Glück!

Orca vor der Küste

Das erste Gespräch

Hier finden Sie alle wichtigen Sätze und Floskeln, die in einem Gespräch, in dem man sich kennen lernen möchte, vorkommen können.

Wie heißt du?

🗩 **¿Cómo te llamás?** 🗩 **¿Cómo es tu nombre?**
wie dich (du-)nennst   *wie (er-)ist dein Name*
Wie heißt du?   Wie ist dein Name?

🗩 **Me llamo Marcelo, ¿y vos?**
mich (ich-)nenne Marcelo, und du
Ich heiße Marcelo, und du?

🗩 **Mi nombre es José.**
mein Name (er-)ist José
Ich heiße José.

🗩 **Mucho gusto.**   🗩 **El gusto es mío.**
viel Gefallen   *der Gefallen ist meiner*
Sehr angenehm.   Ganz meinerseits.

🗩 **¿Vos sos Isabel, ¿verdad?**   🗩 **No, soy Anita.**
du (du-)bist Isabel, Wahrheit   *nein, (ich-)bin Anita*
Du bist Isabel, stimmt's?   Nein, ich bin Anita.

Y éste / ésta, ¿quién es?
und dieser / diese, wer (er-/sie-)ist
Und wer ist er / sie?

ochenta y nueve

Das erste Gespräch

Él / ella se llama ...
er / sie sich (er-/sie-)nennt ...
Er / sie heißt ...

🗩 Éste es mi amigo Pedro.
dieser ist mein Freund Pedro
Das ist mein Freund Pedro.

🗩 Ésta es mi amiga Patricia.
diese ist meine Freundin Patricia
Das ist meine Freundin Patricia.

Te presento ...	**🗩 Encantado / encantada.**
dir (ich-)vorstelle ...	*entzückt(m/w)*
Ich stelle dir vor ...	Angenehm.

Gefällt's dir?

🗩 ¿Te gusta acá?
dir (es-)gefällt hier
Gefällt's dir hier?

🗩 ¿Te gusta la Argentina / este país?
dir (es-)gefällt das Argentinien / dieses Land
Gefällt dir Argentinien / dieses Land?

... natürlich antwortet man, dass es einem gefällt ...

🗩 Sí, me gusta mucho.
ja, mir (es-)gefällt viel
Ja, es gefällt mir sehr.

🗩 No, no me gusta.
nein, nicht mir (es-)gefällt
Nein, es gefällt mir nicht.

Das erste Gespräch

Woher kommst du?

🗨 **No sos de acá, ¿verdad?**
nicht (du-)bist von hier, Wahrheit
Du bist nicht von hier, stimmt's?

🗨 **¿De dónde sos / son?**
von wo (du-)bist / (ihr-)seid
Woher kommst du / kommt ihr?

🗨 **Soy de Alemania.**
(ich-)bin von Deutschland
Ich komme aus Deutschland.

🗨 **¿Y vos? / ¿Y ustedes?**
und du / und ihr
Und du / ihr / Sie?

Alemania	Deutschland
alemán / alemana (m/w)	Deutscher/-e
Holanda, los Países Bajos	Niederlande
holandés / holandesa (m/w)	Niederländer/-in
Suiza, suizo / suiza (m/w)	Schweiz (-er/-in)
Austria	Österreich
austríaco / austríaca (m/w)	Österreicher/-in

🗨 **Yo soy de Bahía Blanca.**
ich bin von Bucht weiße
Ich komme aus Bahía Blanca.

🗨 **¿Ubicás?**
(du-)lokalisierst
Weißt du, wo das ist?

noventa y uno | **91**

Das erste Gespräch

🔊 Está a unos seiscientos kilómetros de acá.
(es-sich-)befindet zu einige 600 km (Mz) von hier
Es ist ungefähr 600 Kilometer entfernt.

🔊 ¿Dónde vivís / viven?
wo (du-)lebst / (ihr-)lebt
Wo wohnst du / wohnt ihr?

Das Wort vivir bedeutet „leben", wird aber auch im Sinne von „wohnen" gebraucht.

🔊 Vivo en Córdoba / Austria.
(ich-)lebe in Córdoba / Österreich
Ich wohne in Córdoba / Österreich.

Meistens wird man schon nach den ersten Worten gefragt, wo man herkommt. Anstelle von venir (kommen) verwendet man hierbei das Verb ser (sein).

🔊 ¿Conocés a Carlos?
(du-)kennst zu Carlos
Kennst du Carlos?

🔊 Sí, ¿es amigo tuyo?
ja, (er-)ist Freund deiner
Ja, ist das einer deiner Freunde?

🔊 Sí, qué bárbaro ...
ja, was barbarisch ...
Ja, toll ...

🔊 ¿Qué hacés por acá?
was machst durch hier
Was machst du hier?

🔊 Pasando mis vacaciones.
verbringend meine(Mz) Ferien
Ich mache Ferien.

🔊 Qué bien que hablás castellano.
was gut(Umst.) welches (du-)sprichst spanisch
Du sprichst ganz gut Spanisch!

🔊 ¿Qué tenés de hacer mañana?
was (du-)besitzt von machen morgen
Was machst du morgen?

Das erste Gespräch

🎙 Mañana no tengo tiempo.
morgen nicht (ich-)besitze Zeit
Morgen habe ich keine Zeit.

🎙 ¿Qué tal el viernes a la noche?
was solches der Freitag zu die Nacht
Wie wär's mit Freitag abend?

🎙 Bien, quizás nos vemos el viernes.
gut(Umst.), vielleicht uns (wir-)sehen der Freitag
Gut, vielleicht sehen wir uns am Freitag.

Alter

Es gilt nicht als unhöflich, nach dem Alter zu fragen. Die Frage wird mit tener (haben, besitzen) und años (Jahre) gebildet.

🎙 ¿Cuántos años tenés?
wieviele Jahre (du-)besitzt
Wie alt bist du?

Vos, ¿qué edad tenés?
du, was Alter (du-)besitzt
Wie alt bist du?

Tengo veinte y seis años.
besitze zwanzig und sechs Jahre
Ich bin sechsundzwanzig.

🎙 No lo digo.
nicht es (ich-)sage
Sage ich nicht.

Adiviná.
rate(!)
Rate mal.

🎙 A ver si lo adivinás.
zu sehen ob es (du-)rätst
Mal sehen, ob du's rätst.

¿Cuántos años le das?
wieviele Jahre ihm/ihr (du-)gibst
Für wie alt hältst du ihn / sie?

Das erste Gespräch

Casi ...   **Parecés menor / mayor.**
Fast ...   *(du-)scheinst kleiner / größer*
                Du siehst jünger / älter aus.

¿Cuándo es tu cumpleaños?
wann (er-)ist dein Geburtstag
Wann hast du Geburtstag?

¿Cuándo cumplís años?
wann (du-)erfüllst Jahre
Wann hast du Geburtstag?

Beruf

🎵 **¿Qué profesión tenés?**
was Beruf (du-)besitzt
Welchen Beruf hast du?

¿A qué te dedicás?
zu was dich (du-)widmest
Was bist du von Beruf?

🎵 **Vos, ¿qué estudiás?**
du, was (du-)studierst
Was studierst du?

🎵 **Soy estudiante de medicina.**
bin Student von Medizin
Ich studiere Medizin.

Estoy sin empleo.
(ich-mich-)befinde ohne Beschäftigung
Ich bin arbeitslos.

Das erste Gespräch

Soy ...	Ich bin ...
obrero / obrera (m/w)	Arbeiter / Arbeiterin
arquitecto / arquitecta (m/w)	Architekt(in)
médico / médica (m/w)	Arzt / Ärztin
empleado / empleada (m/w)	Angestellter/-r
funcionario / funcionaria (m/w)	Beamter/-r
profesional	mit abgeschlossener Berufsausbildung
peluquero / peluquera (m/w)	Friseur / Friseurin
ingeniero / ingeniera (m/w)	Ingenieur/-in
plomero	Klempner
enfermera	Krankenschwester
profesor / profesora (m/w)	Lehrer/-in (höhere Schule)
maestro / maestra (m/w)	Lehrer/-in (Grundschule)
portero	Pförtner, Hausmeister
guardia (m)	Polizist, Wächter
sicólogo / sicóloga (m/w)	Psychologe, Psychologin
jubilado/-a, pensionado/-a (m/w)	Rentner/-in, Pensionär/-in
estudiante (m+w)	Student/-in
técnico	Techniker
carpintero	Tischler
mucama	Zimmermädchen, Putzfrau

Wie geht's?

🔊 **Che, ¿cómo andás?** **¿Qué tal?**
hey, wie (du-)gehst *was solches*
Wie geht es dir? Wie geht's so?

¿Cómo estás / te va?
wie (du-dich-)befindest / dir (es-)geht
Wie geht's dir?

noventa y cinco | 95

Das erste Gespräch

¿Qué decís? **¿Cómo estás andando?**
was (du-)sagst *wie (du-dich-)befindest gehend*
Was gibt's Neues? Wie geht es?

🌀 **Bien, ¿y vos?** 🌀 **Más o menos.** 🌀 **Así así.**
gut(Umst.), und du *mehr oder weniger* *so so*
Gut, und dir? Geht so. Es geht.

¿Qué hacés? **Andando.** **Laburando.**
was (du-)machst *gehend* *arbeitend*
Was machst du so? Es geht. Ich bin am Arbeiten.

Como siempre.	Wie immer.
Mal.	Schlecht.
Miserable.	Mies.
Bastante bien.	Ziemlich gut.
Mejor.	Besser.
Mucho mejor.	Viel besser.
Excelente.	Ausgezeichnet.
Fantástico.	Fantastisch.

Zur Begrüßung können auch mehrere Ausdrücke gleichzeitig verwendet werden:

Hola, ¿qué tal? ¿Cómo andás?

Diese Frage beantwortet man oft mit derselben (oder einer ähnlichen) Gegenfrage, ohne eigentlich zu sagen, wie es geht.

Liebesgeflüster

Liebesgeflüster

Vor Amors Pfeilen ist man nie geschützt. Hier die wichtigsten Sätze zum Süßholzraspeln & Co.

🗩 **Yo te quiero.**
ich dich (ich-)liebe
Ich liebe dich.

🗩 **Vos me gustás.**
du mir (du-)gefällst
Du gefällst mir.

🗩 **¿Pasamos la noche juntos?**
(wir-)verbringen die Nacht gemeinsame(Mz)
Sollen wir die Nacht zusammen verbringen?

🗩 **¿Tenés un condón?**
(du-)besitzt ein Kondom
Hast du ein Kondom?

🗩 **No, no quiero.**
nein, nicht (ich-)will
Nein, ich will nicht.

🗩 **¡Dejame tranquilo / tranquila!**
lass(!)-mich ruhig(m/w)
Lass mich in Ruhe!

Für AIDS wird in Argentinien der Begriff SIDA (Abk. für síndrome de inmuno-deficiencia adquirida) benutzt.

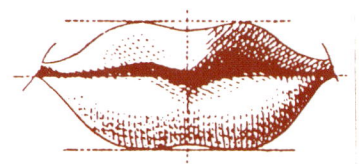

noventa y siete 97

Floskeln & Redewendungen

Floskeln & Redewendungen

Die folgenden umgangssprachlichen Redewendungen können eigentlich in jedem Gespräch vorkommen.

(vorwärts)	¡Adelante!	Herein!
	¡Afuera!	Raus!
(bleib-stehen!)	Pará.	Warte mal.
	Escuchá.	Hör mal.
	A ver.	Mal sehen.
	¡Controlate!	Beherrsch dich!
	¡Calmate!	Beruhige dich!
	¡Imaginate!	Stell dir vor!
	¡Acercate!	Komm näher!
	¡Sentate!	Setz dich!
	Nos vamos.	Wir gehen. / Gehen wir!
	Y todo.	Und so weiter.
(und alles)	Y toda la milonga.	
	¿Sos loco vos?	Bist du verrückt / bescheuert?
	¡Qué golpe!	Was für ein Schlag!
	¡Qué desastre!	Was für ein Pech!
	¡Qué lástima!	Was für ein Elend!
	Esto es algo horrible.	Das ist ja schrecklich!
	Por eso te dije.	Das habe ich dir ja gesagt.

Floskeln & Redewendungen

No me sale.	Es fällt mir nicht ein.	
No me hagas reir, hijo.	Mach keine Witze.	hijo „Sohn"
¡Qué me decís!	Was für ein Unsinn!	was mir (du-)sagst
Me parece ...	Ich glaube ...	mir (es-)scheint ...
No lo creo.	Ich glaube es nicht.	nicht es (ich-)glaube
¿Cómo no?	Na klar, warum nicht?	wie nicht
Depende ...	Kommt darauf an ...	(es-)abhängt ...
Así es.	So ist es.	
¡Es verdad!	Das ist wahr!	(es-)ist Wahrheit
Tenés razón.	Du hast Recht.	(du-)besitzt Vernunft
Así dicen.	Das sagt man.	
Puede ser.	Kann sein.	
¿Estás seguro?	Bist du sicher?	
No lo sé todavía.	Weiß ich noch nicht.	
Dejame en paz.	Lass mich in Ruhe.	
¿Qué me contás?	Was erzählst du denn da?	
Y yo, ¿qué sé?	Was weiß ich denn?	
Ni idea.	Keine Ahnung.	
Ya te lo explico.	Ich erklär's dir.	
¡Qué cosa!	Na so was!	was Sache
¡Claro!	Sicher!	
¡En efecto!	In der Tat!	in Wirkung
¡Me gusta mucho!	Es gefällt mir sehr!	mir (es-)gefällt viel
Bueno, bárbaro.	Gut, toll!	
¡Re-bárbaro!	Supertoll! (selten)	

noventa y nueve

Zu Gast sein

Eine Einladung ist immer ernst gemeint, und es wird erwartet, dass man auch kommt, denn das Leben zu Hause gehört einfach dazu.

🔊 Estoy preparando la cena.
(ich-mich-)befinde vorbereitend die Abendessen
Ich mache Abendbrot.

Está poniendo la mesa.
(er/sie-sich-)befindet hinstellend die Tisch
Er / sie deckt den Tisch.

🔊 ¿Dónde está el pan? 🔊 Está en la mesa.
wo (sich-)befindet der Brot (sich-)befindet in die Tisch
Wo ist das Brot? Es ist auf dem Tisch.

🔊 ¡Que aproveche! 🔊 ¡Servite!
dass (es-)nutze(!) bedien(!)-dich
Guten Appetit! Bitte, nimm / bedien dich!

🔊 Me gusta muchísimo! 🔊 ¡Es excelente!
mir (es-)gefällt viel-sehr (es-)ist ausgezeichnet
Es schmeckt mir Es ist ausgezeichnet!
ausgezeichnet!

🔊 Estoy lavando la vajilla.
(ich-mich-)befinde waschend die Geschirr
Ich wasche das Geschirr ab.

Zu Gast sein

Está quitando la mesa.
(er/sie-sich-)befindet wegnehmend die Tisch
Er / sie räumt den Tisch ab.

Mate ist ein Tee aus getrockneten Blättern eines Strauches, der in Argentinien yerba (Kraut) genannt wird. Er hat einen tabakartigen Geschmack. Der Tee wird in einem kleinen Kürbis (genannt mate) zubereitet, indem man kochend heißes Wasser darüber gießt. Man reicht dann dieses Gefäß wie eine Friedenspfeife herum. Zum Trinken verwendet man eine bombilla, ein Saugröhrchen aus Silber, das am unteren Ende einen Teefilter besitzt. Alle trinken aus derselben bombilla, ohne hygienische Bedenken.

Am 29. jeden Monats werden ñoquis gegessen, eine Art gekochter Teig, ähnlich wie Nudeln. Man nennt ñoquis auch die Arbeiter, die nur am 29. kommen, um den Lohn zu kassieren.

Familie

Die Familie ist, vor allem für die Leute auf dem Land, das wichtigste überhaupt. Wenn man als Pärchen unterwegs ist, wird man sicher oft gefragt, wieso man noch keine Kinder hat, vor allem in der „Provinz".

¿Tenés hermanos?
(du-)besitzt Brüder
Hast du Geschwister?

Sí, una hermana / un hermano.
ja, eine Schwester / ein Bruder
Ja, eine Schwester / einen Bruder.

Zu Gast sein

🔊 **¿Estás casado / casada?**
(du-dich-)befindest verheiratet(m/w)
Bist du verheiratet?

🔊 **No estoy casado / casada.**
nicht (ich-mich-)befinde verheiratet(w/m)
Ich bin nicht verheiratet.

🔊 **¿Tenés hijos?** 🔊 **Sí, tengo una hija / un hijo.**
(du-)besitzt Söhne ja, besitze eine Tochter/ein Sohn
Hast du Kinder? Ja, eine Tochter/einen Sohn.

In der Umgangssprache sagt man auch viejo *(Alter) und* vieja *(Alte) zu den Eltern* (los viejos).

abuelo	Opa	**abuela**	Oma
padre (m)	Vater	**madre** (w)	Mutter
hijo	Sohn	**hija**	Tochter
hermano	Bruder	**hermana**	Schwester
tío	Onkel	**tía**	Tante
sobrino	Neffe	**sobrina**	Nichte
marido	Ehemann	**esposa**	Ehefrau
cuñado	Schwager	**cuñada**	Schwägerin
primo	Cousin	**prima**	Cousine
nieto	Enkel	**nieta**	Enkelin
novio	Verlobter	**casado**	verheiratet
divorciado	geschieden	**viudo**	verwitwet

Die Bezeichnungen novio und novia werden in erster Linie für „feste/r Freund/in" gebraucht, während amigo und amiga vor allem „Bekannte" bedeuten. Achtung: Für „Eltern, Großeltern, Geschwister, Kinder" verwendet man die männliche Form in der Mehrzahl: los padres (die Eltern), los abuelos (die Großeltern), los hermanos (die Geschwister), los hijos (die Kinder).

Unterwegs

Der Straßenverkehr in Argentinien ist sehr gefährlich. Rote Ampeln werden oft mit Hupe oder Lichthupe überfahren, Fußgänger haben keine „Vorfahrt", und auch „rechts vor links" gilt nicht. Zuerst fährt, wer mehr Mut oder den älteren Wagen hat. Überholt werden kann auf jeder Spur, zum Abbiegen werden oft mehrere Spuren geschnitten, Blinken gilt in der Praxis nicht als obligatorisch.

Das beliebteste Verkehrsmittel ist der colectivo (Bus), dann folgen subte (U-Bahn in Buenos Aires) und das Taxi. Bei den Bussen gibt es viele Linien, die die ganze Nacht hindurch fahren (servicio nocturno).

Im Unterschied zu den gewöhnlichen Bussen (tarifa común), die zu den Hauptverkehrszeiten brechend voll sind, gibt es auf einigen Strecken, z. B. vom Zentrum zum Flughafen, klimatisierte Busse (servicio diferencial), die teurer, aber viel bequemer sind und nicht an jeder Ecke anhalten.

Wo geht's lang?

🕭 **Podría decirme,
¿dónde está el museo nacional?**
*(er-/sie-)könnte sagen-mir,
wo (er-sich-)befindet der Museum national*
Können Sie mir sagen,
wo das Nationalmuseum ist?

Unterwegs

🔊 **Por favor, ¿hay un correo por acá cerca?**
wegen Gefallen, es-gibt ein Post durch hier nahe
Entschuldigung, gibt es hier in der Nähe
eine Post?

🔊 **Perdón, ¿la calle Florida?**
Verzeihung, die Straße Florida
Entschuldigung, wo geht's
zur Florida-Straße?

🔊 **¿Vas a pie o en colectivo?**
(du-)gehst zu Fuß oder in Bus
Gehst du zu Fuß oder fährst du
mit dem Bus?

🔊 **Tomá la primera calle a la izquierda.**
nimm(!) die erste(w) Straße zu die linke
Nimm die erste Straße links.

🔊 **Después seguí derecho hasta la esquina.**
dann folge(!) geradeaus bis die Ecke
Dann geradeaus bis zur Ecke.

🔊 **Entonces son dos cuadras al teatro Colón.**
*danach (sie-)sind zwei Häuserblocks
zu-der Theater Colón*
Danach sind es 200 Meter bis
zum Theater Colón.

primero	zuerst
después	dann
luego	später
finalmente	schließlich

Unterwegs

aquí, acá – allí, allá	hier – dort
para acá – para allá	hierher – dahin
¡girá / giren!	bieg/t ab!
¡seguí / siguen!	folge / folgt!
¡cruzá / crucen!	überquere/-quert!
¡andá / anden!, ¡vá / vayan!	geh / geht!
a la izquierda	(nach) links
a la derecha	(nach) rechts
cerca – lejos	nahe – weit
al fondo	hinten
al lado de	neben
delante de	vor

in der Stadt

In manchen Städten (z. B. La Plata) haben die Straßen keine Namen, sondern nur Nummern. Zu einer vollständigen Adresse gehören nicht nur die Hausnummer, sondern auch die Frage und eine Angabe, um welche Wohnung es sich handelt. An den Briefkästen (wenn es welche gibt) stehen keine Namen, und der Postbote oder der Hausmeister schieben die Briefe unter der Tür durch.

barrio	Stadtteil
centro	Zentrum
cuadra	Häuserblock (100 x 100 m)
iglesia	Kirche
municipalidad (w)	Rathaus
museo	Museum
taller (m)	(Auto-)Werkstatt

Unterwegs

mit öffentlichen Verkehrsmitteln

Im Gegensatz zu anderen südamerikanischen Ländern gibt es in Argentinien ein gut ausgebautes Eisenbahnnetz, vor allem in Buenos Aires. Meist etwas teurer, aber auch viel komfortabler sind die Reisebusse. Man kann jede Stadt in Argentinien und viele Städte in den angrenzenden Ländern mit dem Bus erreichen.

🗣 **¿Dónde está la proxima parada de colectivos?**
wo (sie-sich-)befindet die nächste Haltestelle von Bussen
Wo ist die nächste Bushaltestelle?

🗣 **¿Hay un subte hasta el shopping „Alto Palermo"?**
es-gibt ein U-Bahn bis der Einkaufszentrum „Hoher Palermo"
Gibt es eine U-Bahn zum Einkaufszentrum „Alto Palermo"?

🗣 **¿Dónde se venden los boletos?**
wo sich (sie-)verkaufen die Fahrkarten
Wo kann man die Fahrkarten kaufen?

🗣 **Allá, en la boletería.**
dort, in die Schalter
Dort am Schalter.

🗣 **Gracias, muy amable.**
danke, sehr freundlich
Vielen Dank.

🗣 **Un boleto a Florianópolis, por favor.**
ein Fahrkarte nach Florianópolis wegen Gefallen
Einmal nach Florianópolis, bitte.

Internationale Fahrkarten kann man nur unter Vorlage eines gültigen Reisepasses kaufen.

Unterwegs

🗨 **¿Tenés documento?** 🗨 **Sí, acá está.**
(du-)besitzt Ausweis   ja, hier (er-sich-)befindet
Hast du (haben Sie)   Ja, hier ist er.
einen Ausweis?

🗨 **¿Cuándo sale el micro?**
wann (er-)hinausgeht der Bus
Wann fährt der Bus ab?

🗨 **¿Cuándo llegamos?**
wann (wir-)ankommen
Wann kommen wir an?

🗨 **Perdón, éste es el mío.**
Verzeihung, dieser (er-)ist der meiner
Entschuldigung, das ist mein Platz.

🗨 **Vos, ¿qué número tenés?**
du, was Nummer (du-)hast
Welche Nummer hast du (haben Sie)?

Die Sitzplätze in den Bussen für weite Strecken sind immer reserviert und numeriert.

arribo, llegada	Ankunft
salida	Abfahrt
agotado	ausverkauft
peaje (m)	Zahlstelle
descuento	Ermäßigung
boleto	Fahrkarte
bulto	Gepäckstück
sólo ida	nur Hinfahrt
ida y vuelta	Hin- und Rückfahrt
valija	Koffer
viaje (m)	Reise, Fahrt
asiento	Sitzplatz

Unterwegs

lleno	voll
postergado	verschoben
tren (m)	Zug
estación (w) de ferrocarril	Bahnhof
avión (m)	Flugzeug
aeropuerto	Flughafen
barco	Schiff
puerto	Hafen

Wenn man im Bus sitzt und bei der nächsten Haltestelle aussteigen möchte, ruft man:

🕭 **¡Pará, por favor!**
anhalte(!), wegen Gefallen
Bitte anhalten!

🕭 **¡La próxima!**
die nächste
Die nächste Haltestelle!

Die meisten Busse haben allerdings einen Knopf oder eine Schnur, die mit einer Klingel beim Fahrer verbunden ist.

mit dem Taxi

In Buenos Aires gibt es etwa 30.000 Taxis. Im Zentrum genügt ein kurzes Heranwinken mit der Hand, um ein freies Taxi anzuhalten. Das gleiche Handzeichen gilt übrigens auch für Busse; denn diese halten nicht automatisch an jeder (für den Touristen oft nicht erkennbaren) Haltestelle. Im Unterschied zu den Taxis sollte man den Arm jedoch weiter nach oben ausstrecken.

Unterwegs

Freie Taxis erkennt man daran, dass ein kleines rotes Schild „libre" (frei) aufleuchtet. Bei längeren Strecken sollte man den Preis vorher erfragen. Alle Taxis haben Taxameter mit unterschiedlichen Tarifen für Tages- und Nachtfahrten. Ein Taxi kann den Tarif beim Überqueren der Stadtgrenze erhöhen, da es auf dem Rückweg keine Fahrgäste befördern darf. Achtung in den Städten, wo der Flughafen weit außerhalb der Stadt liegt! Dort kann man schon mal bis zu 50 Dollar zahlen (z. B. von Ezeiza nach Buenos Aires). Dem Taxifahrer gibt man im Allgemeinen kein oder nur wenig Trinkgeld, es sei denn, man hat viel Gepäck dabei.

¿Cuánto me cobrás hasta el terminal de omnibuses?
wieviel mir (du-)kassierst
bis der Terminal von Reisebussen
Wie viel kostet es bis zum Busbahnhof?

¿Por cuánto me llevás a la estación „Plaza Once"?
wegen wieviel mich (du-)bringst
zu die Bahnhof „Platz Elf"
Wie viel kostet es bis zum Bahnhof „Plaza Once"?

Pará acá, por favor.
anhalte(!), wegen Gefallen
Bitte hier anhalten!

Die Mütter der „Plaza de Mayo"

Die Mütter der „Plaza de Mayo"

In Argentinien herrschte von 1976 bis 1983 eine Militärdiktatur, die mit dem Falklandkrieg beendet werden konnte. Während dieser Zeit sind etwa 30.000 Personen von den Militärs entführt worden und bis auf wenige Ausnahmen bis heute nicht wieder aufgetaucht. Viele von ihnen waren Studenten, deren Namen auf riesige Plakate geschrieben worden und z. B. in der Universität von Buenos Aires zu sehen sind. Unter den Entführten waren auch zahlreiche Kinder. Die Mütter und Großmütter der Opfer treffen sich seit 1977, also schon während der Diktatur, regelmäßig jeden Donnerstag Nachmittag an der Plaza de Mayo in Buenos Aires, um für die Menschenrechte zu demonstrieren. Natürlich weiß man, dass viele der Entführten tot sind, erschossen oder zu Tode gefoltert. Aber das Militär erzwang zunächst das sogenannte „Schlussstrich-Gesetz", das eine faktische Amnestie der Täter mit sich brachte. Erst unter Präsident Néstor Kirchner wurde das Gesetz aufgehoben, und die ersten Prozesse

„Pirámide de Mayo" an der Plaza de Mayo

Die Mütter der „Plaza de Mayo"

gegen die Verantwortlichen konnten beginnen.

Madres de la Plaza de Mayo (Mz)	Mütter der Plaza de Mayo
derecho	Recht
derechos del hombre	Menschenrechte
desaparecidos	Verschwundene
paz (w)	Frieden
justicia	Gerechtigkeit
dictadura militar	Militärdiktatur
movimiento ecuménico	ökumenische Bewegung
tortura	Folter
cámara de tormento	Folterkammer
centro clandestino	geheimes KZ
asesino	Mörder
asesinato	Mord
¡Nunca más!	Niemals wieder!
Ley del Punto Final	Schlussstrich-Gesetz

An der Plaza de Mayo, dem zentralen Platz von Buenos Aires, finden auch alle anderen Demonstrationen statt, z. B. die der Pensionäre, denen seit Jahren die Rente nicht bzw. nur teilweise gezahlt worden ist, oder die der Lehrer, die mit geringstem Einkommen keinen vernünftigen Unterricht machen können, vor allem außerhalb der Metropole.

manifestación (w)	Demonstration
jubilados (Mz)	Rentner
profesores (Mz)	Lehrer

ciento once

Auf dem Land

Auf dem Land

Hier das wichtigste Vokabular zur Geographie sowie Fauna und Flora Argentiniens.

Geographische Bezeichnungen

norte (m)	Norden	**sur** (m)	Süden
este (m)	Osten	**oeste** (m)	Westen

riachuelo	Bach	**mar** (m)	Meer
monte (m)	Berg	**arena**	Sand
chacra	Feld	**campo**	Feld
roca	Fels	**punta**	Gipfel
río	Fluss	**pampa**	Steppe
sierra	Gebirge	**playa**	Strand
cueva	Höhle	**valle** (m)	Tal
morro	Hügel	**bosque** (m)	Wald
isla	Insel	**catarata**	Wasserfall
costa	Küste	**lago**	See

Pflanzen

timbó colorado	Enterolobium contortisiliquum
aliso, chopo	Erle
mandioca	Maniok
yerba mate	Mate-Strauch
palmera	Palme
arroz (m)	Reis
nenúfar (m)	Seerose
tabaco	Tabak

Auf dem Land

sauce llorón (m)	Trauerweide
lapacho / ceibo / urunday (m)	verschiedene Baumarten
junco, hunco	Wasserpflanzen
espadaña	Zizaniopsis bonariensis (Gras)

Haustiere

burro	Esel
cachorro, perro	Hund
gato, mizo, morrongo	Katze
caballo	Pferd
chancho, cerdo	Schwein
chivito	Ziege

Insekten

hormiga	Ameise
pulga	Floh
luciérnaga	Glühwürmchen
grillo	Grille
cigarra	Zikade
cucaracha	Kakerlake
piojo	Laus
aguacil (m)	Libelle
escarabajo	(Mist-)Käfer
mariposa	Schmetterling
araña	Spinne
mosquito	Stechmücke
araña pollito	Vogelspinne
avispa	Wespe
gusano	Wurm, Raupe

Auf dem Land

Vögel

halcón (m)	Falke
urubú (m)	Geierart
jilguero, gorrión amarillo de las casas	Art Grünfink
cardenal (m)	Kardinal
colibrí (m)	Kolibri
ñandú (m)	Nandu
loro, papagayo	Papagei
loro barranquero	grüner Papagei
cuervo	Rabe
carancho	Rabengeier, Karakara
perdiz (w), inambú (m)	Art Rebhuhn
pechos rojos	Rotkehlchen
cabecita roja	Rotköpfchen mit grauem Körper
golondrina	Schwalbe
benteveo, pitaguá, quetupí, tristefín	Schwefeltyrann
carpintero	Specht
cigüeña	Storch
buho	Uhu

Säugetiere, Reptilien, Amphibien

oso hormiguero	Ameisenbär
comadreja	Beutelratte, Opossum
murciélago	Fledermaus
sapo	Frosch
zorro	Fuchs
lagarto verde	grünes Krokodil
iguana	Leguan

Auf dem Land

laucha	Maus
vizcacha	Viscacha, Hasenmaus
pecarí (m)	Pekari
puma	Puma
tortuga	Schildkröte
zorrino	Stinktier
vicuña	Vikunja
llama	Lama
víbora	Viper, Giftschlange
yarará (m)	Lanzenotter (giftig)

Der Chaco

Die Bedeutung des Wortes chacu im Quichua ist „Jagdrevier". Er umfasst die argentinischen Provinzen Chaco, Formosa, Teile von Santiago del Estero, Tucumán und Salta bis nach Paraguay und Bolivien. Das Klima reicht von subtropisch im Osten bis tropisch im Westen. Da der Winter im Westen sehr trocken ist, wird der undurchdringbare Wald hier zur dornigen Steppe, auf der nur noch Büsche zu finden sind. Die vielen Gerbereien verwenden den quebracho colorado, der für die Region typisch ist und Gerbsäure für die Lederherstellung liefert.

quebracho	Gerbsäure-Baum
(colorado / blanco)	(rot / weiß)
claro	Lichtung (durch Abholzen v. Quebrachos)
laurel (m)	Lorbeer
roble (m)	Eiche
cedro	Zeder

Auf dem Land

Der südamerikanische algarrobo ist allerdings eine andere Spezies als der Johannisbrotbaum des Mittelmeerraums.

algarrobo	Johannisbrotbaum
palo borracho	Florettseidenbaum
yuchán	gelbe Blüten des palo borracho
samuhú	rosa Blüten des palo borracho
paina	„Wolle" des palo borracho, wird als Kissenfüllung verwendet

Tiere des Chaco

mono	Affe
mico	langschwänzige Affenart
oso hormiguero	Ameisenbär
cobra	Kobra
tucano	Tukan
tapir (m), **anta**	Tapir

Die Pampa

Pampa bedeutet im Quichua „baumloses Flachland". Zu ihr gehören die Provinzen La Pampa, Buenos Aires, Cordoba und Santa Fe.

pampa húmeda	feuchte Pampa
ombú (m)	Kermesbeeren-Baum
álamo	Pappel
eucalipto	Eukalyptus
trigo	Weizen
cebada	Gerste
avena	Hafer
girasol (m)	Sonnenblume
maní (m)	Erdnuss
soya	Soja
papa	Kartoffel

Auf dem Land

Die nordwestliche Pampa wird pampa húmeda genannt; sie reicht von den Flüssen Paraná, Río de la Plata bis Bahía Blanca. In dem gemäßigten, immer feuchten Klima verwandelten die Bewohner im Laufe der Zeit die ursprünglich baumlose Vegetation in Wälder, Argentiniens größte Felder und Viehweiden.

Die südwestliche Pampa wird pampa seca genannt. Es handelt sich um eine trockene Steppe mit Pflanzen, die ohne viel Wasser in einem salzigen Boden auskommen.

pampa seca	trockene Pampa
tala	Zürgelbaum
flechilla	Pfeilgras
gramilla	eine Grasart (Paspalum distichum)
cebadilla	Gerstenart

Tiere der Pampa

pato	Ente
flamingo	Flamingo
rana	Frosch
zorro, raposa	Fuchs
ciervo	Hirsch
ñandú (m)	Nandu
vizcacha	Viscacha, Hasenmaus
perdiz (w)	Rebhuhn
perdigón (m)	junges Rebhuhn
garza	Reiher
comadreja	Opossum

Auf dem Land

Die Gauchos

Die Geschichte der Gauchos reicht bis in die Zeit der Eroberung Amerikas zurück. Das Silber, das sich die Spanier damals erhofften (darum der Name Argentiniens: „Land des Silbers"), fanden sie nicht. Statt dessen brachten sie Pferde und Rinder ins Land, die vor allem in der Pampa bestens gediehen.

Gauchos hießen diejenigen, die in der Pampa lebten und keinen festen Wohnsitz hatten. Sie jagten und schlachteten von den mittlerweile wild lebenden Rindern so viel, wie sie und ihre Familien zum Überleben benötigten. Zu jener Zeit konnte man das Fleisch weder konservieren noch verkaufen, da die Entfernungen zur nächstgrößeren Stadt jeweils beträchtlich waren.

Anfang des 19. Jahrhunderts änderte sich die Situation der Gauchos, als nämlich Fleisch mit Salz haltbar gemacht wurde und exportiert werden konnte. Nun bildeten sich auch die estancias in größerer Zahl, als Menschen mit irgendwelchen alten Dokumenten auf Landstriche Anspruch erhoben und in Besitz nahmen, damit gleichzeitig auch das Vieh, das darauf weidete. Zäune wurden aufgestellt und die eingefangenen Rinder mit Brandzeichen versehen. Die immer noch wohnsitzlosen Gauchos galten plötzlich als Viehdiebe, da sie ihre Lebensweise nicht umstellten und genau wie vorher jagten.

Auf dem Land

Schließlich wurden alle Gauchos ohne eigenen Grundbesitz durch ein Gesetz gezwungen, als Angestellte z. B. auf einer estancia als Viehtreiber oder -fänger zu arbeiten. Die Alternative war, für mehrere Jahre an die Indio-Grenze geschickt zu werden oder sich mit den Gesetzeshütern anzulegen, was aber meistens mit dem Tod der Gauchos endete.

Die Gauchos waren nicht nur Viehtreiber, sondern oft auch Sänger und Gitarristen. In der argentinischen Folklore sind ihre Gedichte erhalten geblieben.

Heutzutage wird die Kunst der Gauchos, mit Pferden und Rindern umzugehen, heroisierend dargestellt, indem z. B. das Zähmen von Jungtieren vorgeführt wird. Die zur Schau gestellte brutale Art ist jedoch nicht authentisch; ursprünglich wurden die Tiere mit Geduld und Gutmütigkeit gezähmt.

Zwei Bräuche, die auf die Gauchos zurückgehen, haben sich nicht nur in der Landbevölkerung, sondern auch in den Städten gehalten: zum einen das Trinken von Mate aus einem ausgehöhlten Kürbis, der herumgereicht wird; jeder schlürft den starken, grünen Tee dann aus einem Silberröhrchen. Das andere Überbleibsel ist der asado, ein Grill, auf dem große Rinderviertel auf einem offenen Holzfeuer zubereitet werden.

rm@fotolia.com

Nahuel-Huapi-See

Auf dem Land

gaucho	argentinischer Viehhirt, Cowboy; auch die Bewohner von Rio Grande do Sul (Brasilien) nennen sich Gaúchos
doma	gewaltsames Zähmen von jungen Pferden zur Schau
yerba mate	Mate-Tee
bombilla	Silberröhrchen zum Mate-Trinken
calabaza	Gefäß zum Mate-Trinken, aus einem Kürbis hergestellt
asado	Grill
estancia	Farm für Viehzucht
estanciero	Besitzer einer estancia
peón (m)	Landarbeiter; Gaucho, der auf einer estancia arbeitet
guitarra	Gitarre
poncho	Umhang, den die Gauchos vor allem bei Kälte benutzen

Patagonien

In den patagonischen Anden liegt auch das Skigebiet um Bariloche.

Dieses riesige, kaum besiedelte Gebiet erstreckt sich ungefähr über die Provinzen Neuquén, Chubut, Tierra del Fuego (Feuerland) und Mendoza. In den patagonischen Anden wächst ein dichter, feuchtkalter Regenwald. Ein ganz anderes Bild bietet der restliche, flachere Teil von Patagonien: rauhes Klima, starke Winde, Steppe mit niedrigem Buschwerk. Im Meer und auf den nahen Inseln leben im südlichen Teil Seelöwen, Wale, Pinguine sowie unzählige Meeresvögel.

Auf dem Land

alerce (m), ciprés (m)	Patagonische Zypresse
guindo / raulí (m) / lenga	Südbuchen-Arten
araucaria	Araukarie, Andentanne
neneo / llareta / coirón (m)	harte Buscharten mit tiefen, festen Wurzeln
arrayán (m)	Myrten-Art
zarzamora	Brombeere
frutilla	Erdbeere

nutria	Biberratte	**Tiere in Patagonien**
guanaco	Guanako	
salmón (m)	Lachs	
iguana	Leguan	
mara	Pampashase	
pingüino, pájaro bobo	Pinguin	
puma (m)	Puma	
león marino (m)	Seelöwe	
huémul (m)	Andenhirsch	
ballena	Wal	
pudú (m)	Zwerghirsch	
centolla	Königskrabbe	

Übernachten

Übernachten

Eine Unterkunft oder ein Zimmer zu bekommen, ist manchmal leider ziemlich schwierig. Oft sieht man Schilder wie habitación disponible („Zimmer frei"); fragt man jedoch nach, dann ist alles belegt.

Quisiera ...	Ich möchte ...
Quisiéramos ...	Wir möchten ...
... una pieza,	ein Zimmer
... *eine Stück*	
... una habitación	
... para compartir	zum Teilen
... para uno sólo	Einzelzimmer
... para matrimonio	Doppelzimmer
... *für Ehepaar*	

¿Cuánto cuesta ...?	Wie viel kostet (es) ...?
... sólo una noche	eine einzige Nacht
... para unos días	für einige Tage
... una semana	für eine Woche
... por día	pro Tag
... diario	täglich
... por semana,	pro Woche
... semanal	wöchentlich
... por mes	pro Monat
... mensual	monatlich

🎵 **¿Tenés una habitación / pieza disponible?**
(du-)besitzt eine Zimmer / Stück verfügbare
Hast du (haben Sie) ein Zimmer frei?

Übernachten

🎵 **No sé hasta cuando me voy a quedar.**
nicht (ich-)weiß bis wann mich (ich-)gehe zu bleiben
Ich weiß noch nicht, wie lange ich bleibe.

🎵 **¿Puedo ver la habitación?**
(ich-)kann sehen die Zimmer
Kann ich das Zimmer sehen?

🎵 **Muy bien, me voy a quedar.**
sehr gut(Umst.), mich (ich-)gehe zu bleiben
Gut, ich werde bleiben.

Wohnungsmarkt-Kürzel

Wer ein möbliertes Zimmer mieten kann – am besten direkt bei einem dueño (Wohnungseigentümer) –, hat Glück. In der folgenden Liste stehen einige Ausdrücke und Abkürzungen, die man in Anzeigen (anuncios) findet und verstehen muss:

Mit einem Smartphone können Sie sich die mit einem 🎵 gekennzeichneten Sätze dieses Kapitels anhören.

a/acnd	aire acondicionado	Klimaanlage
alq	alquilar	vermieten
amb	ambiente	Zimmer
ampl	amplio	geräumig
ap	apto	geeignet
bcon	balcón	Balkon
c	con	mit
cat	de categoría	Luxus
cdor	comedor	Esszimmer
cfte	contrafrente	straßenabgewandt

Übernachten

coc	**cocina**	Küche
coch	**cochera**	Garagenstellplatz
ctas	**cuotas**	Raten
d	**doble**	zwei
de	**desde**	ab
dep	**dependencia**	Abstellkammer
dño	**dueño**	Eigentümer
dorm	**dormitorio**	Schlafzimmer
dpto	**departamento**	Wohnung
edif	**edificio**	Gebäude, Hochhaus
equip	**equipamiento**	Ausstattung (der Küche)
est	**estado**	Zustand
exp	**expensas**	Nebenkosten
fac	**facilidades** *Erleichterungen*	Raten
fjas	**fijas**	feste (Raten)
fte	**frente**	Straßenseite
gar	**garantía** *Garantie*	Kaution
hel	**heladera**	Kühlschrank
hs	**horas**	Uhr
jdin	**jardín**	Garten
kitch	**kitchenette**	Kochnische
lav	**lavadero**	Waschraum
liv	**living**	Wohnzimmer
lum	**luminoso**	hell
p	**por**	wegen
pb	**planta baja**	Erdgeschoss
parr	**parrilla**	Grillplatz
peq	**pequeño**	klein
plac	**placard**	Einbauschrank

Essen & Trinken

ppio	**propio**	eigen
ptio	**patio**	Hof
recic	**reciclado**	renoviert
s	**sin**	ohne
tza	**terraza**	Terrasse
ubic	**ubicación**	Lage
urg	**urgente**	dringend
v	**ver**	ansehen
vis	**visitar**	besuchen, ansehen
vvda	**vivienda**	Wohnung

Essen & Trinken

Viele Geschäfte und Lokale haben eine Bezeichnung mit der Endung -ería. So wird aus galletita (Keks) galletitería (Keksladen) oder aus fruta (Obst) frutería (Obstladen).

Lebensmittel

panadería	Bäckerei
cervecería	Bierlokal
pescadería	Fischhandlung
verdulería	Gemüsegeschäft
rotisería	Grill (Schnellimbiss)
boliche (m)	Kneipe
abastecimiento	Lebensmittelgeschäft
carnicería, mercadito	Metzgerei
bodega	Weinkeller, -stube

Mit einem Smartphone können Sie sich die mit einem 🎧 gekennzeichneten Sätze dieses Kapitels anhören.

Essen & Trinken

Obst, Gemüse & Getreide(produkte)

manzana	Apfel
naranja	Apfelsine
damasco	Aprikose
berenjena	Aubergine
palta	Avocado
banana	Banane
pera	Birne
chaucha	grüne Bohne
arvejas (Mz)	Erbsen
frutilla	Erdbeere
maní (m)	Erdnuss
verduras (Mz)	Gemüse
pepino	Gurke
papas (Mz)	Kartoffeln
repollo	Kohl
lechuga	Kopfsalat
ango, zapallo	Kürbis
lentillas (Mz)	Linsen
maíz (m)	Mais
choclo	Maiskolben
acelga	Mangold
zanahoria	Mohrrübe
fideos (Mz)	Nudeln
frutas (Mz)	Obst
pomelo	Pampelmuse
morón verde (m)	grüne Paprika
morón rojo (m)	rote Paprika
durazno	Pfirsich
puerro	roter Porree
arroz (m)	Reis
ensalada	Salat
chucrut (m)	Sauerkraut
poroto	schwarze Bohne

Essen & Trinken

apio	Sellerie
espinaca	Spinat
batata	Süßkartoffel
tomate (m)	Tomate
sandía	Wassermelone
limón (m)	Zitrone
cebolla	Zwiebel
remolacha	Rübe

bife (m)	Beefsteak
asado	Braten
lomo, filete (m)	Filet (Fleisch)
filé (m)	Filet (Fisch)
pescado	Fisch
carne (w)	Fleisch
churrasco	Fleisch vom Grill
cuadril (m)	Hüftfleisch (vom Rind)
carne picada (w)	Gehacktes
pollo	Hähnchen
achuras (Mz)	Innereien
cordero	Lamm
mondongo	Magen
riñones (Mz)	Nieren
nalga	Schenkel
jamón (m)	Schinken
milanesa	Schnitzel
cerdo, chancho, puerco	Schwein
merluza	Seehecht
calamar (m)	Tintenfisch
chorizo	(Brat-, Grill-)Wurst
fiambre (m)	Wurst (Aufschnitt)
salchicha	Würstchen

Fisch, Fleisch & Wurst

Essen & Trinken

Gewürze		
	pimentón (m)	Paprikapulver
	ají (m)	roter Pfeffer
	pimienta	Pfeffer
	sal (w)	Salz

Milchprodukte		
	manteca	Butter
	huevo	Ei
	muzarela	Käse
	leche (w)	Milch
	queso untable / blanco	Streichkäse

Brot & Kuchen		
	pan (m)	Brot
	casero	Brötchen
	flautita	längliches Brötchen
	flauta	Baguette
	medialuna de manteca	Hörnchen (mit Butter hergestellt)
	medialuna de grasa	Hörnchen (mit billigerem Fett hergestellt)
	pan rallado (m)	Paniermehl
	polenta	Plätzchen aus Maismehl
	tostada	Toast
	tarta	Torte (salzig), Quiche
	factura	Teilchen (Gebäck)

Süßspeisen		
	alfajor (m)	gefüllter Keks
	crema	(süße) Sahne
	miel (w)	Honig
	mermelada	Marmelade
	flan (m)	Karamelpudding

Essen & Trinken

galletita	Keks
garrapiñada	geröstete Erdnüsse
golosina	Süßigkeit
helado	Eis
pochoclo	Popcorn
polenta	Plätzchen aus Maismehl
chocolate (m)	Schokolade
torta	Torte (süß)
azúcar (m)	Zucker

Im Restaurant

desayuno	Frühstück
almuerzo	Mittagessen
merienda	Abendessen (spät nachmittags)
cena	Abendessen (nachts)
sopa	Suppe
entradas (Mz)	Vorspeisen
postre (m)	Nachtisch

Man setzt sich nie an einen Tisch, wenn schon jemand daran sitzt, auch wenn es nur eine Person ist und alle anderen Tische besetzt sind.

In Argentinien gibt es unzählige Pizzerias. Dagegen sind die churrasquerías reine Fleischrestaurants. Die meisten kleineren oder einfachen Restaurants bieten nicht sehr viel Auswahl auf ihrer Speisekarte, die milanesa (Schnitzel) ist jedoch immer dabei.

Eine Frau in Begleitung zahlt nie im Restaurant. Getrennte Rechnungen sind nicht üblich, es zahlt nur einer, und die anderen geben ihm das Geld für das, was sie verspeist haben.

Das Trinkgeld wird auf dem Tisch liegengelassen. Man klemmt es halb unter einen Teller, damit es nicht vom Tisch wehen kann.

ciento veintinueve | **129**

Essen & Trinken

🗣 ¿A qué hora abrís?
zu was Stunde (du-)öffnest
Wann öffnen Sie?

¿A qué hora cerrás?
zu was Stunde (du-)schließt
Wann schließen Sie?

🗣 Una mesa para dos.
eine Tisch für zwei / drei
Einen Tisch für zwei.

Una mesa para tres.
eine Tisch für drei
Einen Tisch für drei.

¿Qué querés?
was (du-)willst
Was wünschst du (Ez)?

🗣 ¿Qué quieren?
was (sie-)wollen
Was wünschen Sie (Mz)?

¿Tienen reservación?
(sie-)besitzen Reservierung
Haben Sie (Mz) reserviert?

🗣 ¿Puedo ver la carta?
(ich-)kann sehen die Karte
Kann ich die Karte bekommen?

🗣 ¿Y para tomar?
und für nehmen
Und zum Trinken?

🗣 ¿Gaseosas, agua, vino?
Kohlensäure-Getränke, Wasser, Wein
Sprudel, Wasser, Wein?

Übrigens: tomar (nehmen) hat hier die Bedeutung „trinken".

🗣 La cuenta, por favor.
die Rechnung, wegen Gefallen
Die Rechnung, bitte.

🗣 Traeme / traenos ...
bring(!)-mir / bring(!)-uns
Bringen Sie mir / uns ...

🗣 Me falta ...
mir (es-)fehlt ...
Mir fehlt ...

Essen & Trinken

el cubierto	das Besteck
el cuchillo	das Messer
la cuchara	der Löffel
la cucharita	der Teelöffel
el tenedor	die Gabel
el plato	der Teller
el vaso	das Glas
la servilleta	die Serviette

Fleisch wird gegrillt (z. B. auf dem typisch argentinischen Grill, s. u.) oder gebraten und mit Pommes frites oder Kartoffelpüree serviert. Natürlich kann man auch andere Beilagen, z. B. Salate, bestellen. Zum Nachtisch gibt es oft flan (Karamelpudding) oder dulce con queso (süßes Gelee mit Käse) und einen cafecito (Mini-Kaffee ohne Milch, dafür mit viel Zucker).

¿Te gusta la ensalada?
dir (sie-)gefällt die Salat
Schmeckt dir der Salat?

¿Te gustan las empanadas?
dir (sie-)gefallen die Pasteten
Schmecken dir die Pasteten?

Gustar heißt „gefallen", bedeutet aber im Zusammenhang mit Speisen und Getränken „schmecken".

Essen & Trinken

Einige indianische Gerichte & Getränke

Locro	Dicker Eintopf aus gemahlenem Mais oder Weizen mit Fleisch, dazu Bohnen, Kartoffeln, Zwiebeln und Paprika.
Huajcha locro	(huajcha „arm", Quichua) Wie locro, nur ohne Fleisch.
Amchi locro	Eintopf mit geröstetem Mais und Fleisch. Das Fleisch ist meist Rind, kann aber auch Hähnchen, Schaf oder Ziege sein.
Choclo en locro	Gekochter oder gebratener Maiskolben, der anschließend geraspelt auf der locro-Suppe verteilt wird.
Ckevishu	Gericht aus weichem Kürbis, geraspelten Maiskolben und Zwiebeln. Dazu gebratenes Hähnchen oder Pute.
Sancu	Besteht aus gebackenem Maismehl, gewürzt mit wildem Knoblauch, dazu meist Fleisch.
Alcucus	Klößchen, die aus Fleisch, Mehl (aus anchuelo, einer bestimmten Art Weizen), Zwiebeln, Knoblauch und Oregano bestehen u. von außen zusätzlich mit Oregano verziert werden. Alcucus ist ein typisches Hochzeitsessen.
Chanfaina	Eintopfgericht aus Herz, gesäuberten Därmen, Lunge oder Leber und etwas Mehl, wird zusammen mit dem Blut des geschlachteten Tieres gekocht und scharf gewürzt.
Pochoclo	Salziges Popcorn.
Mazamorra	(auch api) Maisbrei mit Milch oder Zucker.
Batata asada	Gebratene Süßkartoffeln mit kalter Milch, evtl. mit Zucker.
Dulce de membrillo	Quittengelee, auch aus Kürbis, Feigen, Wassermelone oder Weintrauben.

Essen & Trinken

Patay	Flaches Brot aus dem Mehl des Johannisbrotbaumes.
Sapallu	Kürbis in Milch gekocht und mit Zucker als Nachspeise. Kann auch gebraten werden.
Aloja	Alkoholisches Getränk aus Johannisbrot (algarroba).
Mate de leche	Tee mit pochoclo (s. o.) anstelle von yerba oder gemischt mit yerba.
Vizcacha	Hasenmaus (verwandt mit Chinchilla), kann man z. B. sauer eingelegt (escabeche) oder in verschiedenen Suppen essen.
Puchero	Gemüseeintopf (alle Gemüsesorten, einschließlich Maiskolben, Süßkartoffeln; mit Rindfleisch)

Einige weitere typische Gerichte

Milanesa	Sehr dünn geschnittenes Schnitzel aus Rindfleisch.
Dulce de leche	Ein süßer brauner karamellartiger Brotaufstrich, der nur aus Milch und Zucker besteht.
Dulce de batata	Es handelt sich um ein Gelee aus Süßkartoffeln, das meist auf einer Käsescheibe gegessen wird.
Pancho	Hot dog. Das Wort pancho ist entstanden aus pan (Brot) und chorizo (Wurst).
Churrasco oder parrilla	Fleisch von Rind, Ziege oder Schaf, das auf einem offenem Holzfeuer gegrillt wird.
Empanadas	Gefüllte Teigtaschen, die in der Pfanne gebraten oder im Ofen gebacken werden, meist mit Fleisch oder Mais (choclo).
Medialuna	Der Ausdruck medias lunas bedeutet „halbe Monde", gemeint sind Croissants (Hörnchen). Süße Teilchen im Allgemeinen werden facturas (Rechnungen) genannt. Wenn man medialunas verlangt, wird man gefragt: ¿De manteca o de grasa? (Mit Butter oder mit Fett?). Die mit Butter sind süßer und schmecken besser.

ciento treinta y tres

Essen & Trinken

Albóndigas	Klößchen mit verschiedenen Fleischsorten.
Garrapiñada	Geröstete Erdnüsse, die mit einem rötlichen Zuckerguss versehen und auf der Straße verkauft werden.
Garrapiñada de almendras	Geröstete Mandeln mit Zuckerguss.
Chivito	Ziegenfleisch, al horno (im Ofen) oder asado (auf offenem Feuer gebraten).

Übrigens gibt es in Argentinien fast überhaupt kein Schweinefleisch.

Getränke

leche (w)	Milch
con /sin leche	mit /ohne Milch
(el) agua mineral (w)	Mineralwasser
con /sin gas	mit / ohne Kohlensäure
café (m)	Kaffee
flojo	flau (Kaffee)
yerba	Matetee
mate cocido	gekochter Matetee
té (m)	Tee
jugo	Saft
coca	Coca-Cola
gaseosa	Brause, Limonade
con hielo	mit Eis
sin hielo	ohne Eis
cerveza	Bier
vino tinto	Rotwein
vino blanco	Weißwein
vino rosado	Rosé

Essen & Trinken

Säufer-Slang

Viele Ausdrücke gibt es für das „Saufen". Man wird aber z. B. auf der Straße nie sichtbar Betrunkene antreffen.

achispado	angeheitert
achispar	jem. betrunken machen
achumado	betrunken
achumarse	sich besaufen
adobado	besoffen
borracho	betrunken
borrachada	Besäufnis
calentar el pico	einen heben
curarse	sich betrinken
curda	Besäufnis, Betrunkener
curdela, curdelón, cupador	Gewohnheitstrinker, Säufer
chupado	besoffen
darse a la bebida	sich dem Saufen widmen
darse a la droga	gleichmäßigen Alkoholpegel halten
dar un beso	einen Schluck aus der Flasche nehmen
empinador(a)	Trinker(in)
enmonarse	sich besaufen
en pedo	im Vollrausch
ponerse apedado	sich einen antrinken
tener un fa	besoffen sein
trago	Schluck
puntearse	zu viel getrunken haben

borracha „Weinschlauch"

erhitzen der Schnabel
heilen-sich

chupar „saugen"

geben ein Kuss

mona „Rausch"
im Furz

ciento treinta y cinco | **135**

Einkaufen

Einkaufen

Viele Geschäfte haben auch samstags und sonntags geöffnet, weil die Leute oft nur am Wochenende Zeit zum Einkaufen haben. In der Provinz sind oft lange Mittagspausen (siesta) üblich, z. B. von 12.00 bis 16.30 Uhr. Dafür öffnen die Geschäfte in den kühleren Abendstunden bis spät in die Nacht.

Argentinien gehört zu den teureren Ländern Südamerikas. Rindfleisch ist allerdings deutlich billiger als bei uns.

Andererseits können die oft turbulenten Entwicklungen der argentinischen Währung auch schon mal zu günstigen Wechselkursen (aus Euro-Sicht) führen.

cerrado	geschlossen
abierto	geöffnet
descuento	Rabatt
fin de temporada	Schlussverkauf
oferta	Sonderangebot
liquidación (w)	Ausverkauf
sin recargo	ohne Zuschlag
caja	Kasse

Schlange stehen

Ein typischer südamerikanischer (nicht nur argentinischer) Brauch ist das Schlangestehen. Überall, wo mehr als drei Leute warten, bildet sich eine Schlange. Im Supermarkt wird dies auch schon mal lästig, da sich niemand (angesichts der sich im Allgemeinen schnell ändernden Währung) so schnell mit

Einkaufen

den Geldscheinen zurechtfindet und die Kassierer oft Probleme haben, Geld zu wechseln.

Forme fila
bilde(!) Reihe
Bilden Sie eine Schlange!

Forme fila *steht an allen Bushaltestellen.*

🔊 **Llevo media hora esperando.**
(ich-)trage halbe Stunde wartend
Ich warte schon seit einer halben Stunde.

🔊 **Lo siento, pero ahora me toca a mí.**
es (ich-)fühle, aber jetzt mich (es-)berührt zu mir
Tut mir leid, aber jetzt bin ich dran.

🔊 **Perdone, yo pensaba que me toca a mí.**
verzeih(!), ich dachte dass mich (es-)berührt zu mir
Entschuldigung, ich dachte, ich wäre dran.

auf dem Markt

🔊 **¿Cuánto salen las papas?**
wieviel (sie-)hinausgehen die Kartoffeln
Wie viel kosten die Kartoffeln?

In Buenos Aires sind die Märkte überdacht und tragen den pompösen Namen centro de abastecimiento *(Versorgungszentrum). Das Handeln auf Märkten ist im Allgemeinen nicht möglich.*

🔊 **Cincuenta centavos tres kilos.**
fünfzig Centavos drei Kilos
Drei Kilo kosten 50 Centavos.

🔊 **Bien, dáme dos kilos.**   🔊 **¿Y las chauchas?**
gut(U), gib(!)-mir 2 Kilos   Und die Bohnen?
Gut, gib mir zwei Kilo.

ciento treinta y siete | 137

Einkaufen

🔊 **A ver ... Un peso el kilo.**
Mal sehen ... Ein Peso das Kilo.

🔊 **Pues, voy a llevar un kilo de chauchas.**
dann, (ich-)gehe zu tragen ein Kilo von Bohnen
Also, dann nehme ich ein Kilo Bohnen.

🔊 **¿Algo más?**   🔊 **No, nada más.**
etwas mehr   *nein, nichts mehr*
Sonst noch etwas?   Nein, sonst nichts.

Einkaufsliste

pila	Batterie
estampilla	Briefmarke
paños higiénicos (Mz)	Damenbinde
abrelatas (m)	Dosenöffner
película	Film
bombilla	Glühbirne
peine (m)	Kamm
casete (virgen) (m)	Kassette (leere)
broche (m)	Klammer (Heft-, Wäsche-)
adhesivo	Klebstoff
tela adhesiva (transparente)	Klebeband
condón (m)	Kondom
destapador (m)	Korkenzieher
birome (m)	Kugelschreiber
curita	Pflaster
mapa (de la ciudad) (m)	(Stadt-)Plan
postal (w)	Postkarte

Einkaufen

🔊 **borrador** (m)	Radiergummi
🔊 **destornillador** (m)	Schraubenzieher
🔊 **jabón** (m)	Seife
🔊 **champú** (m)	Shampoo
🔊 **ficha**	Stecker
🔊 **fósforos** (Mz)	Streichhölzer
🔊 **tapón** (m)	Tampon
🔊 **anticonceptivo**	Verhütungsmittel
🔊 **detergente** (m)	Waschmittel
🔊 **pañales** (Mz)	Windeln
🔊 **cepillo**	Zahnbürste
🔊 **crema dental, dentífrico**	Zahnpasta
🔊 **revista; diario**	Zeitschrift; Zeitung

Kleidung

talla (w)	Größe (Kleidung)	*Die Auswahl an schönen und eleganten Artikeln ist unbegrenzt.*
calzoncillo	Unterhose	
remera	T-Shirt, Unterhemd	
camiseta	Unterhemd	
blusa	Bluse	
camisa	(Ober-)Hemd	
buzo, **chumba**, **chompa**, **suéter** (m)	Pullover, Sweat-Shirt	
corpiño, **soutien** (m)	BH	
cinturón (m)	Gürtel	
corbata	Krawatte	
guante (m)	Handschuh	
cierre (m)	Reißverschluss	
pollera	Rock	
ambo	Anzug	
pantalón (m)	Hose	

ciento treinta y nueve

Einkaufen

vaqueros (Mz)	Jeans („Cowboys")
conjunto jogging	Jogginganzug
pañalero	Latzhose (für Babys)
campera	Jacke
camperón (Mz)	Mantel (selten gebr.)
abrigo, **tapado**, **sobretodo**	Mantel
medias (Mz)	Socken
zapatos (Mz)	Schuhe
alpargatas (Mz)	Slipper, Espadrilles
botas (Mz)	Stiefel; Schuhe, die bis zu den Knöcheln reichen
zapatos (Mz)	Schuhe
zapatillas (Mz)	flache Schuhe, Sportschuhe
pantufla abierta	offener Pantoffel

🔊 **Necesito ...**
(ich-)brauche ...
Ich brauche ...

🔊 **Lo voy a llevar.**
es (ich-)gehe zu tragen
Ich nehme es.

🔊 **¿Qué tamaño tenés?**
was Größe (du-)besitzt
Welche Größe hast du?

No lo sé.
nicht es (ich-)weiß
Weiß ich nicht.

🔊 **Es demasiado ...**	Es ist zu ...		
(es-)ist übermäßig ...			
caro	teuer	**corto**	kurz
chico	klein	**largo**	lang
grande	groß	**oscuro**	dunkel
ancho	weit	**claro**	hell

Behörden

Behörden

Wichtige Institutionen, die man eventuell in Anspruch nehmen könnte, sind die Botschaft (hier spricht man natürlich Deutsch) sowie die Bank und die Post. Hier sollte man sich auf erhebliche Wartezeiten einstellen.

policía	Polizei
guardia (m)	Polizist
comisaría	Polizeiwache
atraco	Überfall
robo con fractura	Einbruch
robo, hurto	Raub
hacer una denuncia	Anzeige erstatten
seguro	Versicherung

Die Dienste der Polizei sollte man nur im äußersten Notfall in Anspruch nehmen; und dann auch nur, wenn jemand dabei ist, der fließend Spanisch spricht. Bei Verständigungsproblemen kann sich sogar der Spieß umdrehen, und man muss am Ende noch eine Strafe bezahlen oder landet gar selbst im Gefängnis.

Falls man vorhat, sein Visum verlängern zu lassen, weil man z. B. länger als drei Monate im Land bleiben möchte, sollte man lieber für ein bis zwei Tage in ein benachbartes Land fahren und dann erneut einreisen, da man in der Regel bei den Behörden nichts erreicht.

Obwohl überall die Korruption blüht, sollte man niemals versuchen, einen Beamten zu bestechen. Das endet mit ziemlicher Sicherheit im Knast, denn Korruption ist Sache der „Großen".

Behörden

🔊 **Me robaron / atracaron.**
mich (sie-)beraubten / (sie-)überfielen
Ich bin beraubt / überfallen worden.

🔊 **Perdí mis documentos / mi plata / mis equipajes.**
(ich-)verlor meine Dokumente / mein Geld / meine Gepäckstücke
Ich habe meine Papiere / mein Geld / mein Gepäck verloren.

🔊 **Necesito un boletín para mi seguro.**
(ich-)brauche ein Bescheinigung für mein Versicherung
Ich brauche eine Bescheinigung für meine Versicherung.

Das Wort trámite kann man nicht direkt ins Deutsche übersetzen. Sinngemäß bedeutet es etwa „bürokratischer Vorgang" und wird immer dann verwendet, wenn man irgendetwas erledigen muss, z. B. in der verlängerten Mittagspause. Man sagt einfach, man habe ein paar trámites zu erledigen, und alle wissen, dass man die nächsten Stunden nicht da sein wird. Denn vieles, was man zu erledigen hat (Bus, Bank, Supermarkt, Bäckerei, Fotokopieren etc.), dauert entsetzlich lange und ist mit viel Schlangestehen verbunden.

Bank, Post & Telefon

Das übliche Zahlungsmittel für Reisende in Südamerika sind US-Dollars. Sie können im Gegensatz zu anderen Währungen meist ohne Schwierigkeiten gewechselt werden.

Bank

Es gab Zeiten, in denen die Inflation 190 % im Monat betrug, das bedeutet, dass dieselbe Ware abends einen anderen Preis hatte als morgens. Für Globetrotter heißt das vereinfacht: Bei hoher Inflation immer nur wenige Dollar eintauschen, alles scheint billig.

Der Gebrauch von Kreditkarten ist im Gegensatz zu Europa schon seit vielen Jahren üblich, allerdings nur bei denen, die ein einigermaßen dickes Konto haben. Vielerorts wird auch mit Scheck bezahlt, wobei man den Betrag in mehrere Raten aufteilen kann. Dies ist aber generell nur möglich für Argentinier bzw. für Leute, die ein Konto bei einer lokalen Bank haben.

Bei Inflationsstop steigen die Preise inoffiziell weiter, nur der Wechselkurs passt sich nicht an! In der Provinz bekommt man einen bis zu 10 % schlechteren Kurs. Ohne Kommission wechselt man nur im American-Express-Büro in Buenos Aires, das auch ohne Aufschlag Schecks in Dollar tauscht.

¿Puedo pagar con tarjeta Visa?
(ich-)kann zahlen mit Karte Visa
Kann ich mit Visa-Karte zahlen?

¿Tu tarjeta es débito o crédito?
deine Karte (sie-)ist Guthaben oder Kredit
Hat deine Karte Guthaben oder Kredit?

Bank, Post & Telefon

No aceptamos tarjetas de crédito.
nicht (wir-)akzeptieren Karten von Kredit
Wir akzeptieren keine Kreditkarten.

¿Podés mostrarme tu pasaporte?
(du-)kannst zeigen-mir dein Pass
Kannst du mir deinen Pass zeigen?

banco	Bank
caja de ahorros *(Kasse von Sparen)*	Sparkasse
cajero	Kassierer
titular (m)	Inhaber (Konto)
dirección (w)	Anschrift
cuenta corriente	Girokonto
cuenta de ahorros	Sparkonto
tarjeta	Kreditkarte
cheque de viajeros (m)	Reisescheck
importe (m)	Betrag
vuelto	Wechselgeld
extracción (w)	Abhebung
cobrar	Geld abheben
depósito	Einzahlung (auf ein Konto)
depositar	einzahlen
cambio	Umtausch
boleta	Zettel, Formular

🎵 **Quiero cambiar**
estos cheques de viajero, por favor.
(ich-)will tauschen
diese Schecks von Reisender, wegen Gefallen
Ich möchte bitte
diese Travellerschecks eintauschen.

Bank, Post & Telefon

¿En pesos o en dólares?
in Pesos oder in Dollars
In Pesos oder in Dollars?

¿Cómo está el cambio del dólar hoy?
wie (sich-)befindet der Wechsel von-der Dollar heute
Wie ist der Dollarkurs heute?

Quiero cambiar cien dólares / euros / pesos.
(ich-)will tauschen hundert Dollars / Euros / Pesos
Ich möchte hundert Dollar / Euro / Pesos umtauschen.

Van a llamarte en la caja con este número.
(sie-)gehen zu rufen-dich in die Kasse mit dieser Nummer
Man wird dich / Sie an der Kasse mit dieser Nummer aufrufen.

Post & Telefon

correo	Postamt, Post
carta	Brief
postal (w)	Postkarte
carta certificada	Einschreiben
vía aérea	Luftpost
paquete (m)	Paket
fax (m)	Telefax
enviar	schicken, senden

¿Dónde puedo comprar estampillas?
wo (ich-)kann kaufen Briefmarken
Wo kann ich Briefmarken kaufen?

No tenemos estampillas.
nicht (wir-)besitzen Briefmarken
Wir haben keine Briefmarken.

Briefmarken bekommt man nur beim Postamt. Hier werden Briefe eigentlich nur abgestempelt. Es ist ratsam, auch Postkarten in einem Briefumschlag zu verschicken, damit sie auch sicher ankommen.

ciento cuarenta y cinco | 145

Bank, Post & Telefon

An den Kiosken, die Postkarten verkaufen, bekommt man meist auch die Umschläge dazu.

🕭 Estas cartas a Alemania, por favor.
diese Briefe zu Deutschland, wegen Gefallen
Diese Briefe nach Deutschland, bitte.

🕭 ¿Podrías darme unos sobres, por favor?
(du-)könntest geben-mir einige Umschläge, wegen Gefallen
Könntest du (könnten Sie) mir bitte einige Umschläge geben?

🕭 Por favor, dáme cinco fichas telefónicas.
wegen Gefallen, gib(!)-mir fünf Marken telefonische
Geben Sie mir bitte 5 Telefonmünzen.

🕭 Cuánto sale un minuto a Europa?
wieviel (er-)hinausgeht ein Minute zu Europa
Wie viel kostet eine Minute nach Europa?

E-mail und Internet

In größeren Städten gibt es Internet-Cafés, jedoch in wechselnder Häufigkeit, da die meisten Leute von zu Hause aus surfen. Ich habe vielerorts gesehen, dass in Computer- oder Telefonläden einzelne PCs als Internet-Terminals genutzt werden können, wofür man je nach Zeit Gebühren bezahlt.

¿Cuál es tu dirección de correo electrónico?
welche (es-)ist dein Adresse von Post elektronisch
Wie ist deine E-mail-Adresse?

¿Cuál es tu e-mail?   Mi e-mail es ...
Wie ist deine E-mail?   Meine E-Mail ist ...

Bank, Post & Telefon

¿Tenés un sitio en Internet?
(du-)hast ein Platz in Internet
Hast du eine Website?

¿Cúanto pago para una hora en Internet?
wieviel ich-zahle für eine Stunde im Internet
Was kostet eine Stunde Internet?

¿Puedo imprimir páginas?
ich-kann drucken Seiten
Kann ich Seiten ausdrucken?

Nos podriamos encontrar en una sala de charla.
uns wir-könnten treffen in ein Saal von Plappern
Wir könnten uns in einem Chatroom treffen.

Mobilfunk

¿Tenés un celular? **¿Cuál es tu número?**
(du-)hast ein zellulär *welche (es-)ist dein Nummer*
Hast du ein Handy? Wie ist deine Nummer?

teléfono	Telefon
llamar por teléfono	telefonieren
móvil *beweglich*	Handy,
(teléfono) celular	Mobiltelefon
(Telefon) zellulär	
tarjeta de recarga	Prepaid-Karte
Karte von Aufladen	

Quisiera comprar un teléfono celular prepago.
(ich-)möchte kaufen ein Telefon zellulär vorausbezahlt
Ich möchte mir ein Prepaid-Handy kaufen.

Bank, Post & Telefon

Der Hafen von Ushuaia

¿Dónde puedo comprar una tarjeta prepaga para una nueva línea?
wo (ich-)kann kaufen eine Karte vorausbezahlte für eine neue Linie
Wo kann ich eine Prepaid-Karte mit neuer Telefonnummer kaufen?

¿Cómo puedo recargar mi saldo?
wie (ich-)kann wiederaufladen mein Konto
Wie kann ich mein Konto wieder aufladen?

¿Cuál es la tarifa por minuto durante el día?
welche (sie-)ist die Tarif für Minute während der Tag
Wie ist der Tarif für eine Minute tagsüber?

¿Cuál es la tarifa por minuto durante el fin de semana?
welche (sie-)ist die Tarif für Minute während der Ende von Woche
Wie ist der Tarif für eine Minute am Wochenende?

¿Cuánto cuesta a enviar una mensaje de texto a Alemania?
wieviel (es-)kostet zu senden eine Mitteilung von Text nach Deutschland
Wieviel kostet eine SMS nach Deutschland?

Sport & Freizeit

Sport & Freizeit

Fast alle ausländischen Filme laufen im Originalton mit spanischen Untertiteln. Nur wenige Filme sind synchronisiert (hablada en castellano) oder original spanischsprachig.

🕭 Un boleto, por favor.
ein Karte, wegen Gefallen
Eine Eintrittskarte, bitte.

🕭 Dos boletos para la trasnoche.
zwei Karten für die Nachtvorstellung
Zwei Karten für die Nachtvorstellung.

cine (m)	Kino
recital (m)	Konzert, Musikvorführung
trasnoche (w)	Nachtvorstellung
teatro	Theater
boletería	Kartenschalter
agotado	ausverkauft
boleto	Eintrittskarte
mayores (Mz)	Erwachsene
menores (Mz)	Kinder
deporte (m)	Sport
cancha	Sportplatz
cancha cubierta	überdachtes Sportfeld, Halle
fútbol (m)	Fußball
jugar al fútbol	Fußball spielen
gol (m)	Tor; Tor! (Ausruf)

Sport & Freizeit

piscina, pileta	Schwimmbad
nadar	schwimmen
paddle (m)	Squash
jugar al tenis	Tennis spielen

Skifahren

Skifahren ist auch in Argentinien möglich, vor allem im Süden des Landes. Der bekannteste Ski- und Wintersportort heißt San Carlos de Bariloche und liegt ca. 1500 km von Buenos Aires entfernt in den Anden. Auch auf der anderen Seite der Anden, in Chile, kann man Ski fahren.

Wer vorhat, selbst mit dem Auto in die Skigebiete zu fahren, sollte beachten, dass die meisten Mietwagen nicht unbedingt winterfest sind.

esquí (m)	Ski
esquiar	Ski fahren
botas (Mz)	Skistiefel
bastones (m Mz)	Skistöcke
fijación (w)	Bindung (am Ski)
alquiler (m)	Vermietung
clases (w Mz)	Unterricht
competición (w)	Wettkampf
telesilla, **andarivel** (m), **va et vient** (m)	verschiedene Lifte
cumbre (w)	Bergspitze

Sport & Freizeit

nieve (w)	Schnee
nieve polvo	Pulverschnee
pista	Piste
... (muy) difícil	(sehr) schwierige Piste
... mediana	mittelschwere Piste
... fácil	einfache Piste
... esquí libre	Piste für Freistil
esquí (m) **alpino**	alpiner Ski
descenso	Abfahrt
slálom (m)	Slalom
slálom (m) **gigante**	Riesenslalom
súper G	Kombination aus Abfahrt und Riesenslalom
esquí (m) **nórdico**	nordischer Ski (mit langen, breiten Skiern)
esquí (m) **libre**	Freistil
hot dog (m)	Art Hindernislauf
ballet	mit Musik und Choreographie
acrobacia aérea	Luftakrobatik
saltos (Mz)	Sprünge
... ascendentes, ... giratorios, ... mortales	verschiedene Sprünge
esquí (m) **de travesía**	Skifahren im Hochgebirge auf natürlichen, nicht abgesteckten Pisten
esquí (m) **extremo**	Skifahren auf sehr steilen Abhängen bis 60° Neigung

ciento cincuenta y uno

Wetter

In vielen Redewendungen über das Wetter wird das Wort hacer (machen) gebraucht.

Mit einem Smartphone können Sie sich die mit einem 🎵 gekennzeichneten Sätze dieses Kapitels anhören.

🎵 **Hace mucho calor.**
(es-)macht viel Wärme
Es ist sehr heiß.

🎵 **Hace frío.**
(es-)macht Kälte
Es ist kalt.

🎵 **Hace sol.**
(es-)macht Sonne
Die Sonne scheint.

🎵 **Sopla viento.**
(er-)bläst Wind
Es ist windig.

🎵 **Llueve mucho.**
(es-)regnet viel
Es regnet viel.

🎵 **Hace buen / mal tiempo.**
(es-)macht gut / schlecht Wetter
Das Wetter ist gut / schlecht.

Hace treinta grados.
(es-)macht dreißig Grade
Es sind 30 Grad.

Sensación térmica dos grados bajo cero.
Empfindung thermische(w) zwei Grade unter Null
Die gefühlte Temperatur ist -2 Grad.

Die „gefühlte Temperatur" ergibt sich aus der tatsächlich messbaren Temperatur und der Windgeschwindigkeit (engl. „wind chill").

Fotografieren

Fotografieren

Will man Fotos von Personen machen, sollte man selbstverständlich die Menschen mit gebührendem Respekt behandeln und freundlich um Erlaubnis fragen. Sie wird in der Regel bereitwillig gewährt. Nicht gestattet ist es, Polizisten, Soldaten, militärische Einrichtungen, Flughäfen und Industrieanlagen zu fotografieren.

¿Se puede sacar fotos por acá?
sich (es-)kann herausziehen Fotos durch hier
Kann man hier fotografieren?

¿Podría sacar una foto de vos / usted?
(ich-)könnte herausziehen eine Foto von dir / Sie
Darf ich dich / Sie fotografieren?

Te voy a enviar una copia.
dir (ich-)gehe zu schicken eine Kopie
Ich werde dir / Ihnen einen Abzug schicken.

cámara fotográfica	Fotoapparat
cámara digital	Digitalkamera
objetivo	Objektiv
teleobjetivo	Teleobjektiv
objetivo granangular	Weitwinkelobjektiv
flash (m)	Blitzgerät
(cámara) video	Videokamera
rollo, película	Film
rollo de diapositivas	Diafilm

Fotografieren

rollo de color	Farbfilm
foto(grafía) (w)	Foto
sacar fotos	fotografieren
filmar	filmen
revelar	entwickeln
negativo	Negativ
copia	Abzug

🗨 **¿Podrías revelar esta película?**
(du-)könntest entwickeln diese Film
Können Sie mir diesen Film entwickeln?

🗨 **¿Cuántas copias querés?**
wieviele Kopien (du-)willst
Wie viele Abzüge willst du (wollen Sie)?

🗨 **Una de cada una.**
eine von jede eine
Von jedem einen.

Hafen von Madero (Stadtteil von Buenos Aires)

Krank sein

Gehen Sie auf Nummer sicher und trinken Sie nur abgekochtes Wasser oder Mineralwasser. Fleisch nur gut durchgebraten essen (bien cocido), Früchte und Gemüse gut abwaschen und möglichst schälen! Bei Trips durch den Urwald sollte man sich gegen Tropenkrankheiten (z. B. Gelbfieber) impfen lassen.

In Buenos Aires gibt es ein deutsches und ein Schweizer Krankenhaus, in denen man Deutsch spricht.

¿Dónde hay una farmacia / un médico / un hospital?
wo es-gibt eine Apotheke/ein Arzt/ ein Krankenhaus
Wo gibt es eine Apotheke / einen Arzt / ein Krankenhaus?

¿Podrían llamar a un médico, por favor?
(sie-)könnten rufen zu ein Arzt, wegen Gefallen
Könnten Sie bitte einen Arzt rufen?

Me duele acá.
mich (es-)schmerzt hier
Mir tut es hier weh.

Tuve un accidente.
(ich-)besaß ein Unfall
Ich hatte einen Unfall.

Tengo dolor de muelas.
(ich-)besitze Schmerz von Backenzähnen
Ich habe Zahnschmerzen.

Por favor, no me lo saque.
wegen Gefallen, nicht mir ihn (er/sie-)herausziehe(!)
Bitte nicht ziehen!

Krank sein

🗨 **Tengo diarrea / fiebre.** 🗨 **Me caí.**
(ich-)besitze Durchfall / Fieber *mich (ich-)fiel*
Ich habe Durchfall / Fieber. Ich bin gefallen.

🗨 **Soy diabético.** 🗨 **Estoy embarazada.**
(ich-)bin Diabetiker *(mich-)befinde schwangere*
Ich bin Diabetiker. Ich bin schwanger.

🗨 **Me quemé acá.**
mich (ich-)verbrannte hier
Ich habe mich hier verbrannt.

🗨 **Una víbora me mordió.**
eine Giftschlange mich (sie-)biss
Ein Schlange hat mich gebissen.

Necesito algo contra ...	Ich brauche etwas gegen ...
Tengo ... *(ich-)besitze)*	Ich habe ...
alergia	Allergie
dolor de vientre (m)	Bauchschmerzen
presión arterial (w)	Blutdruck
hemorragia	Blutung
fractura	Bruch (Knochen-)
inflamación (w)	Entzündung
vómitos (Mz)	Erbrechen
resfriado	Erkältung
cálculos biliares (Mz)	Gallensteine
conmoción cerebral (w)	Gehirnerschütterung
ictericia	Gelbsucht
úlcera	Geschwür

Krank sein

gota	Gicht
gripe (w)	Grippe
disfonía	Heiserkeit
infarto de miocardio	Herzinfarkt
tos (w)	Husten
picadas de insecto	Insektenstiche
sarampión (m)	Masern
otitis media (w)	Mittelohrentzündung
paperas (Mz)	Mumps
epistaxis (w)	Nasenbluten
cálculos renales (Mz)	Nierensteine
desmayo	Ohnmacht
hongos (Mz)	Pilze
rubeola	Röteln
escarlatina	Scharlach
dolores (Mz)	Schmerzen
resfriado nasal	Schnupfen
vértigo	Schwindel
picada de araña	Spinnenstich
quemadura	Verbrennung
intoxicación (w)	Vergiftung
lesión (w)	Verletzung
luxación (w)	Verrenkung
distorsión (w)	Verstauchung
varicela	Windpocken
herida	Wunde
diabetes (m)	Zuckerkrankheit
dolores de muelas (Mz)	Zahnschmerzen

🗣 **Déme una inyección.**
(er/sie-)gebe(!)-mir eine Spritze
Geben Sie mir bitte eine Spritze.

ciento cincuenta y siete

Krank sein

🗨 **No quiero una inyección.**
nicht (ich-)will eine Injektion
Ich möchte keine Spritze.

🗨 **Necesito un recibo y un diagnóstico detallado para mi obra social.**
(ich-)brauche ein Quittung und ein Diagnose ausführlich für mein Werk sozial
Ich brauche eine Quittung und einen ausführlichen Bericht für meine Krankenversicherung.

médico / médica	Arzt / Ärztin
hospital (m)	Krankenhaus
farmacia	Apotheke
enfermedad (w)	Krankheit
comprimido	Tablette
gotas (Mz)	Tropfen
supositorio	Zäpfchen
ungüento	Salbe

Casa Rosada, Präsidentenpalast in Buenos Aires

Toilette

Toilette

Die Herrentoilette ist mit Caballeros ausgeschildert, die Damentoilette mit Señoras.

Caballeros / Señoras	Herren / Damen
ocupado / libre	besetzt/frei
clausurado	geschlossen
papel higiénico (m)	Toilettenpapier
canilla, caño	Wasserhahn
pileta	Waschbecken

🕭 **¿Hay un baño por acá?**
es-gibt ein Bad durch hier
Gibt es hier irgendwo eine Toilette?

Tengo que ir al baño.
(ich-)besitze dass gehen zu-der Bad
Ich muss mal!

🕭 **El sifón no anda.**
der Spülung nicht (er-)geht
Die Spülung funktioniert nicht.

🕭 **El desagüe está taponado.**
der Abfluss (er-sich-)befindet verstopft
Der Abfluss ist verstopft.

Umgangssprache

Einige der folgenden Ausdrücke sind nicht dafür gedacht, sie selbst auszuprobieren. Sie sind teilweise sehr vulgär. Falls man sie hört, sollte man sie jedoch verstehen können.

agarrar	nehmen (ersetzt coger)
averiguar	nachsehen, auch: überprüfen, mal sehen ob …
de chiripa	zufällig
cobrar	kassieren
coger	ficken (span.: „nehmen")
concha *(Muschel)*	Fotze
conseguir	bekommen, besorgen, organisieren
decir boludeces	Blödsinn reden
depre	Depression (Abk. von **depresión**)
echarse un pedo/ soltarse un pedo	furzen *(loslassen-sich ein Furz)*
fijarse	schauen (auf etwas)
joda	Ärger
macana	Lüge
mear	pinkeln
cagar	scheißen
radicarse	einwandern
tráfico	Schwarzhandel
narcotráfico	Drogenhandel
trasero	Hintern
¡carajo!/¡caracho!/ ¡caramba!/¡caray!	(Ausrufe des Erstaunens)

Das Verb cobrar *wird auch für das Einlösen von Schecks gebraucht oder immer, wenn man Geld bekommt.*

Achtung Verwechslungsgefahr: tráfico *heißt „Schwarzhandel",* tránsito *hingegen heißt „Straßenverkehr".*

Schimpfen & Fluchen

Schimpfen & Fluchen

Die folgenden Flüche und Beleidigungen sollte man besser nichts selbst ausprobieren, wenn man sich keinen ernsthaften Ärger einhandeln will!

¡Mierda!	Scheiße!
¡Mufa!	Pech!
¡Burro! *(Esel)*, **¡Papa frita!**, *Pommes frites* **¡Plomo!, ¡Plomazo!**	Doofmann!
¡Idiota!, ¡Tonto!	Blödmann!
¡Chancho!	Schwein!
¡Podrido!	Verdorbenes Schwein! (im moral. Sinn)
¡Hijo de puta! *Sohn von Hure*	Schweinehund!; Bastard
¡Chupasangre!	Blutsauger!
¡Cagón!	Hosenscheißer!, Angsthase!
¡Pelandrúm!	Faulpelz!
¡Maricón!	Schwuler! (schwere Beleidigung)
¡Tortillera!, ¡Tortifay!	Lesbe!
¡Yegua!, ¡Puta!	Hure!, Nutte!

¡No tenés nada en la croqueta!
nicht (du-)besitzt nichts in die Krokette
Du bist ja total verblödet!

Nichts verstanden? – Weiterlernen!

Mit einem Smartphone können Sie sich die mit einem 🎵 gekennzeichneten Sätze dieses Kapitels anhören.

Bei Ausländern wird meist automatisch angenommen, dass sie gringos sind. Ein gringo ist ein Weißer, der kein Spanisch spricht, meist sind damit aber US-Amerikaner gemeint. Die Herkunft des Wortes ist unklar. Vielfach wird es von griego „Grieche" im Sinne von „unverständlich Sprechender" abgeleitet. Eine andere volkstümliche Herleitung bringt gringo mit dem US-amerikanischen Bürgerkrieg in Zusammenhang; demnach soll das Wort vom Schlachtruf „Green, go" abstammen. In Argentinien werden auch schon mal blonde Argentinier als gringos bezeichnet.

🎵 **¿Entendés?**
(du-)verstehst
Verstehst du?

🎵 **No, no entiendo nada.**
nein, nicht (ich-)verstehe nichts
Nein, ich verstehe nichts.

🎵 **¿Entendés todo?**
(du-)verstehst alles
Verstehst du alles?

🎵 **Ni un cuerno.**
nicht ein Horn
Überhaupt nichts.

🎵 **¿Cómo decís?**
wie (du-)sagst
Wie bitte?

🎵 **No te entendí.**
nicht dich (ich-)verstand
Ich habe dich nicht verstanden.

🎵 **Hablás demasiado rápidamente.**
(du-)sprichst übermäßig schnell(Umst.)
Du sprichst zu schnell.

Nichts verstanden? – Weiterlernen!

⁾ Por favor, más despacio.
wegen Gefallen, mehr langsam
Bitte etwas langsamer.

Für eine Auskunft bedankt man sich mit
¡(Muchas) gracias!

¿Podés repetir, por favor?
(du-)kannst wiederholen, wegen Gefallen
Kannst du das nochmal sagen?

⁾ ¿Alguién me podría traducirlo?
jemand mir (er/sie-)könnte übersetzen-es
Kann mir jemand übersetzen?

⁾ ¿Hablás castellano?
(du-)sprichst spanisch
Kannst du Spanisch sprechen?

¿Hablás alemán?
(du-)sprichst deutsch
Kannst du Deutsch sprechen?

No, sólo un poquito.
nein, nur ein bisschen
Nein, nur ein bisschen.

⁾ ¿Qué significa „zapato"?
was (es-)bedeutet „Schuh"
Was bedeutet „zapato"?

¿Cómo se llama esto en castellano?
wie sich (es-)ruft dies in spanisch
Wie heißt das auf Spanisch?

Perito-Moreno-Gletscher in Patagonien

Kurzsprachführer Quichua

Im Folgenden kann nur ein kurzer Überblick über die Grammatik gegeben werden. Verständlicherweise kann nicht auf alle Besonderheiten eingegangen werden.

Quichua ist eine Variante des Quechua, der Sprache der Inkas, die in Argentinien vor allem in Santiago del Estero und Jujuy gesprochen wird. Sein Ursprung liegt in Peru, von wo aus das Quechua wahrscheinlich im 16. Jahrhundert zusammen mit den spanischen Eroberern nach Argentinien gebracht wurde. Die erste Grammatik wurde 1560 in Spanien von Fray Domingo de Santo Tomás veröffentlicht, der die Inkasprache nach dem Ort, an dem er sie kennen lernte, „Quechua" benannte. Das Quichua Argentiniens zeigt heute teilweise spanischen Einfluss, die entsprechenden Wörter werden allerdings oft in einer anderen Weise ausgesprochen oder geschrieben. Quichua ist eine „agglutinierende" Sprache, d. h. dass an Hauptwörter, Verben usw. zahlreiche Endungen angehängt werden, die z. B. Auskunft geben über Richtung, Ort oder Ursache, Besitzverhältnisse anzeigen oder Höflichkeitsabstufungen zum Ausdruck bringen. Oftmals werden ganze Ketten von verschiedenen Endungen hintereinander an das betreffende Wort angehängt.

Aussprache

Bis auf nebenstehende Ausnahmen ist die Aussprache wie im Spanischen.

ck	tief im Rachen gesprochenes „ch", wie in „Lo**ch**"
ll	stimmhaftes „sch" wie „**D**schungel"
'r	einfaches, nicht gerolltes „r" wie in „**R**egen"
r	am Wortanfang ein stark gerolltes „rr", sonst ein nicht gerolltes **r**
sh	wie deutsches „sch" in „**Sch**ule"
y	wie deutsches „j" in „**J**äger"
hu	Halblaut zwischen „u" und „w", wie englisches „w" in „**w**hat?"

Kurzsprachführer Quichua

Persönliche Fürwörter

nocka	ich
ckam	du
pay	er, sie, es
nockanchis	wir, der / die Angesprochene(n) miteingeschlossen
nockaycu	wir, der / die Angesprochene(n) nicht miteingeschlossen
ckamcuna	ihr
paycuna	sie (Mz)

Ebenso wie im Spanischen werden auch im Quichua die persönlichen Fürwörter für das Subjekt nur dann verwendet, wenn man die handelnde Person besonders hervorheben will; ansonsten reicht das gebeugte Verb.

Es wird kein Unterschied zwischen „du" und „Sie" gemacht. Für „wir" gibt es zwei verschiedene Formen: die eine schließt den Angesprochenen mit ein, die andere nicht.

Hauptwörter (Substantive)

Im Quichua gibt es weder Artikel noch ein grammatisches Geschlecht. Möchte man jedoch das Hauptwort besonders betonen, kann man **-cka** anhängen, was dann in etwa dem bestimmten Artikel entspricht:

ckari	Mann	ckari-cka	der Mann

Der besseren Übersicht wegen werden hier alle Anhängsel mit einem Bindestrich abgetrennt geschrieben.

Die Mehrzahl wird durch die Endung **-cuna** gebildet. Alle Wörter, die auf einen Selbstlaut enden, können die Mehrzahl (Abkürzung in der Wort-für-Wort-Übersetzung: „Mz") darüber hinaus auch wie im Castellano mit der Endung **-s** bilden.

yacháchej	(der) Lehrer
yacháchej-cuna	(die) Lehrer
ashcko	Hund
ashcko-cuna, ashckos	Hunde

Kurzsprachführer Quichua

Verhältniswörter

Das argentinische Spanisch entlehnte im Laufe der Jahrhunderte viele Begriffe aus dem Quichua, vor allem für Pflanzen und Tiere.

Was man im Deutschen mit Verhältniswörtern umschreibt, erreicht man im Quichua durch bestimmte Endungen, die an das Hauptwort angehängt werden und z. B. eine Richtung, eine Orts- oder Zeitangabe ausdrücken.

ckari-ta	den Mann (entspricht etwa dem dt. 4. Fall = Akkusativ, kurz: „Akk")
ckari-p	des Mannes (Angabe der Herkunft)
ckari-man	zum Mann (Richtung)
ckari-manta	vom Mann (Richtung)
huasi-cama	bis zum Haus
huasi-pi	im Haus (Ortsangabe)
ckari-paj	für den Mann (Zweck / Bestimmung)
ckari-an	mit dem Mann
ckari-ntin	zusammen mit dem Mann
ckari-raycu	wegen des Mannes (Grund)

Besitzangabe

Der Besitzer wird nicht durch selbständige besitzanzeigende Fürwörter, sondern durch besitzanzeigende Endungen am Hauptwort, das den Besitz bezeichnet, ausgedrückt.

mishi	Katze
mishi-y	meine Katze
mishi-yqui	deine Katze
mishi-n	seine / ihre Katze
mishi-nchis	unsere (inkl.) Katze
mishi-ycu	unsere (exkl.) Katze
mishi-yquichis	eure Katze
mishi-ncu	ihre Katze

Sollen mehrere Endungen an ein Wort gehängt werden, dann ist die Reihenfolge: Besitz - Mehrzahl - Fall:

mishi-y-cuna-an
Katze-meine-Mz-mit
mit meinen Katzen

Kurzsprachführer Quichua

Eigenschaftswörter (Adjektive)

maqui checka **huata mósoj** **átoj china** **ca tacko**
Hand rechte   *Jahr neues*   *Fuchs weibl.* *dieser Baum*
rechte Hand   neues Jahr   Füchsin   dieser Baum

mósoj	neu	**machu**	alt
checka	rechte(r, -s)	**llocke**	linke(r, -s)
china	weiblich	**orcko**	männlich
ca	dieses	**cha; chacka**	jenes; das da

yúraj	weiß	**puca**	rot
packo	braun, grau	**ckómer**	grün
yana	schwarz	**anckas**	blau
ckellu	gelb	**ckori**	golden

Eigenschaftswörter sind unveränderlich. Um ein von ihnen Umstandswort (Adverb) zu bilden, wird -ta („Umst.") angehängt.
In der Regel wird das Eigenschaftswort dem Hauptwort nachgestellt, die hinweisenden Fürwörter stehen davor.

Tätigkeitswörter (Verben)

Die Grundform der Verben endet auf **-y**. Dieses **-y** wird durch die Personalendungen ersetzt. Hier die Gegenwarts-Beugung von **unanchi-y** (verstehen):

unanchi-ni	ich verstehe
unanchi-nqui	du verstehst
unanchi-n	er / sie versteht
unanchi-nchis	wir (inkl.) verstehen
unanchi-ycu	wir (exkl.) verstehen
unanchi-nquichis	ihr versteht
unanchi-ncu	sie verstehen
unanchi-y! *(versteh-!)*	verstehe!
unanchi-y-chis! *(versteh-!-Mz)*	versteht!

Die Befehlsform Einzahl ist mit der Grundform identisch. Fordert man mehrere Personen zu etwas auf, hängt man -chis an.

ca-ni	ich bin	**ca-nchis**	wir (inkl.) sind
ca-nqui	du bist	**ca-ycu**	wir (exkl.) sind
ca-n	er/sie ist	**ca-nquichis**	ihr seid
		ca-ncu	sie sind

das Verb ca-y (sein)

ciento sesenta y siete | **167**

Kurzsprachführer Quichua

Fragen

Entscheidungsfragen Fragen, auf die man nur mit „ja" oder „nein" antworten kann, werden mit der Fragepartikel **-chu** (abgekürzt: „FP") gekennzeichnet. Diese wird an das Wort angehängt, auf das man eine Antwort erhalten möchte. Oft wird **-chu** aber auch weggelassen.

Quichua-ta 'rima-nqui-chu?
Quichua-Akk sprichst-du-FP
Kannst du Quichua sprechen?

Castilla-pi 'rima-nqui-chu?
Castellano-in sprichst-du-FP
Kannst du Spanisch sprechen?

Ergänzungsfragen

Die Ergänzungsfragen werden mit Fragewörtern gebildet, auf die man mit einem vollständigen Satz antwortet. An die Fragewörter wird -taj, das eine verstärkende Funktion hat, angehängt.

pí(taj)?	wer?	áicap?	wann?
ima?	was?	aica?	wie viel?
ima ina?	wie?	imapi?	worin?
maypi?	wo?	imata?	wen?, was?
maymanta?	woher?	ímaj?	warum?
mayman?	wohin?	pían?	mit wem?

Pí-taj ca-nqui?
wer-FP bist-du
Wer bist du?

O'Niel ca-ni.
O'Niel bin-ich
Ich bin O'Niel.

Suti-yqui ima ina ca-n?
Name-dein was so ist-er
Wie heißt du?

Suti-y Julia ca-n.
Name-mein Julia ist-er
Ich heiße Julia.

Zahlen

Im Quichua werden in der Regel nur die Zahlen eins bis fünf verwendet. Für alle anderen Zahlen werden meistens die spanischen Zahlen genannt.

Kurzsprachführer Quichua

1 **suj**	6 **sojta**		
2 **íshcay**	7 **canchis**	100	**pacha**
3 **quimsa**	8 **púsaj**	1000	**huaranca**
4 **taa**	9 **íshckon**	1 Mio.	**huaranca huaranca**
5 **pishcka**	10 **chunca**		

„1 Million" wird mit „tausend [mal] tausend" gebildet!

Uhrzeit

Reloj-ta api-nqui?   **Ima hora-s-taj ca-n?**
Uhr-Akk hast-du   *was Stunde-Mz-FP ist-es*
Weißt du, wie spät es ist?   Wie viel Uhr ist es?

Siete hora-s ca-n.
sieben Stunde-Mz ist-es
Es ist sieben Uhr.

Satzstellung

Nocka mana ckoshcke-ta api-ni.
ich nicht Geld-Akk habe-ich
Ich habe kein Geld.

Ckó-a-y quimsa pesos-ta!
gib-mir-! drei Pesos-Akk
Gib mir drei Pesos!

Das Verb steht in der Regel am Satzende. Durch den Einfluss des Spanischen sind jedoch die ursprünglichen Wortreihenfolgeregeln aufgeweicht worden

Floskeln & Redewendungen

Ari.	Ja.	**ja / nein**
Mana.	Nein.	
Ancha alli.	Sehr gut.	
Nocka mana yacha-ni. *ich nicht weiß-ich*	Weiß ich nicht.	
Ca-y-ta ati-n. *sein-G-Akk. kann-es*	Kann sein.	

ciento sesenta y nueve

Kurzsprachführer Quichua

grüßen / verabschieden

Die übliche Begrüßung ist eine Frage:

Im Quichua ist es nicht üblich, „Guten Tag" o. ä. zu sagen, es sei denn, man verwendet die Grußformeln aus dem Spanischen.

Ima ina puri-nqui?
was so gehst-du
Wie geht es dir?

Ima ina packare-ra-nqui?
was so morgen-Vergh.-du
Wie hast du den Tag begonnen?

Ima ina tia-nqui?
was so bist-du
Wie geht's?

Ima ina 'ri-su-nqui?
was so gehst-dir-du
Wie geht's?

Alli-lla-ta puri-ni.
gut-HP-Umst. gehe-ich
Es geht mir gut.

Alli-ta tia-ni.
gut-Umst bin-ich
Mir geht es gut.

Sajra-ta.
schlecht-Umst
Schlecht.

Ancha sumaj-ta.
sehr schön-Umst
Sehr gut.

Chayna chayna.
so so
Es geht so.

Ckam-cká?
du-VP
Und dir?

Nocka-pas.
ich-auch
Mir auch.

Ckaa-nacu-su-nchis-cama
sehen-sich-werden-wir-bis
Auf Wiedersehen!

bitten, danken & sich entschuldigen

Ancha-ta maña-su-ni.
viel-Umst bitte-dich-ich
Bitte!

Agradece-yqui.
danke-ich/dir
Vielen Dank.

Dispensa-a-y.
entschuldige-mich-!
Entschuldigung!

Ausrufe

Chuy!	Was für eine Kälte!
Rúpaj!	Was für eine Hitze!
Aj, ajlalitay!	Aua!
Achalay!	Wie hübsch!
Hua!	Ih! (Ekel)
Anchu-anchu!	Hau ab!

Kurzsprachführer Quichua

Rini!	Ich haue jetzt ab!
Akuychis!	Lasst uns gehen!
Upalla-y! *(schweig-!)*	Ruhe!
Suya-y! *(warte-!)*	Warte mal.
Alli-ta ckáa-y! *gut-Umst sieh-!*	Achtung!
Utcka-y! *(beeile-!)*, **Ckáti-y!** *(renn-!)*	Beeil dich!
Tiá-cu-y! *(setz-sich-!)*	Setz dich doch!
'Ranti-cu-ná-paj. *kaufen-sich-zu-für*	Zu verkaufen.
'Rima-y-ta sacké-a-y! *sprechen-G-Akk lass-mich-!*	Lass mich auch mal was sagen!

In der Wort-für-Wort-Übersetzung werden hier bei Verben außerdem folgende Abkürzungen verwendet: „Vergh" (Vergangenheit), „HP" (Höflichkeitspartikel), „VP" (Verstärkungspartikel zur Betonung), „G" (Grundform-Endung).

Unancha-nqui-chu?
verstehst-du-FP
Verstehst du?

Ancha sumaj-ta unancha-ni.
sehr gut-Umst verstehe-ich
Ich verstehe sehr gut.

Wie bitte?

Cuti-s ni-y.
Mal-Mz sage-!
Sag's nochmal.

Alliman-ta 'rima-y.
langsam-Umst sprich-!
Sprich langsam.

Mana utcka-ta 'rima-y-chu!
nicht schnell-Umst sprich-!-FP
Sprich nicht so schnell!

Quichua-ta 'rima-na-a-ni.
Quichua-Akk sprechen-zu-will-ich
Ich möchte Quichua sprechen.

Quichua-ta 'rima-nqui-chu?
Quichua-Akk sprichst-du-FP
Kannst du Quichua sprechen?

Castilla-pi 'rima-nqui-chu?
Castellano-in sprichst-du-FP
Kannst du Spanisch sprechen?

ciento setenta y uno

Kurzsprachführer Quichua

Quichua-pi ima ina ni-nqui?
Quichua-in was so sagst-du
Wie heißt das auf Quichua?

Das erste Gespräch

Alter

Ayca huata-s-níyoj ca-nqui?
wieviel Jahr-Mz-habend bist-du
Wie alt bist du?

Veinticinco huata-s-ta api-ni.
zwanzigundfünf Jahr-Mz-Akk habe-ich
Ich bin fünfundzwanzig Jahre alt.

Nocka-ta siete-pi agosto apia-ra-ncu.
ich-Akk sieben-in August bekommen-Vergh.-sie(Mz)
Ich wurde am 7. August geboren.

Herkunft

May-manta ca-nqui? **Alimania llaqta-manta amu-ni.**
wo-von bist-du *Deutschland Land-aus komme-ich*
Woher kommst du? Ich komme aus Deutschland.

Cusco-manta amo-ra-ni. **Cay-manta ca-ni.**
Cusco-aus komme-Vergh-ich *dies-aus bin-ich*
Ich bin aus Cusco gekommen. Ich bin von hier.

Ima-man amo-ra-nqui? **Estúdia-j amu-ni.**
was-zu kommst-Vergh-du *studiere-nd komme-ich*
Warum bist du gekommen? Um zu studieren.

Vacacione-s-ta llálle-j amu-ni.
Ferien-Mz-Akk reise-nd komme-ich
Ich mache hier Ferien.

Foto-ta 'rua-y-ta ati-ni?
Foto-Akk machen-G-Akk kann-ich
Darf ich ein Foto machen?

Kurzsprachführer Quichua

May-pi causa-nqui?
wo-in lebst-du
Wo wohnst du?

Chay-lla-pi causa-ni.
dies-HP-in lebe-ich
Ich wohne in der Nähe.

Caru-pi causa-ni.
weit-in lebe-ich
Ich wohne weit weg.

Calle Puan-pi taa.
Straße Puan-in vier
In der Straße Puan Nr. 4.

Ima-ta 'rua-nqui?
was-Akk tust-du
Was bist du von Beruf?

Ampe-j ca-ni.
heile-nd bin-ich
Ich bin Arzt.

Beruf

Llámca-j ca-ni.
arbeite-nd bin-ich
Ich bin Arbeiter / Angestellter.

Yachachi-na ca-ni.
lernen-zu bin-ich
Ich bin Student / Schüler.

Unterkunft

May-pi hotel tía-n?
wo-in Hotel ist-es
Wo gibt es ein Hotel?

Calle Brasil-pi quimsa.
Straße Brasil-in drei
In der Straße Brasil Nr. 2.

Cá cuarto-ta muna-nqui?
dies Zimmer-Akk magst-du
Gefällt dir dieses Zimmer?

Arí, muna-ni.
ja, mag-ich
Ja, es gefällt mir.

Cay-pi pishca punchau-s-ta cúte-j 'ri-ni.
dies-in fünf Tag-Mz-Akk bleibe-nd gehe-ich
Ich werde hier fünf Tage bleiben.

May-pi bañu tía-n?
wo-in Bad ist-es
Wo gibt es eine Toilette?

Checka-pi / Llocke-pi.
rechts-in / links-in
Rechts / Links.

ciento setenta y tres | **173**

Kurzsprachführer Quichua

Essen & Trinken

Eine Liste von indianischen Spezialitäten findet man im Konversationskapitel „Essen & Trinken".

May-pi micu-y-ta ati-ni?
wo-in essen-G-Akk kann-ich
Wo bekomme ich was zu essen?

Upia-na-a-ni.
trinke-zu-will-ich
Ich habe Durst.

Yarcka-ni.
hungere-ich
Ich habe Hunger.

Micu-na-a-ni.
essen-zu-will-ich
Ich möchte etwas essen.

Mate-ta úpia-j acu-ychis.
Mate-Akk trinke-nd gehen-wir
Trinken wir einen Mate!

Locro-ta api-nqui?
Locro-Akk hast-du
Hast du Locro?

Unterwegs

May-man 'ri-nqui?
wo-nach gehst-du
Wohin fährst du?

Salta-man 'ri-shca-ni.
Salta-nach gehe-gerade-ich
Ich fahre nach Salta.

Ima hora-s-pi omnibus-cka Salta-man llojsi-n?
was Stunde-Mz-in Bus-der Salta-nach abfährt-er
Wann geht der Bus nach Salta?

Omnibus íshckay hora-s-pi llojsi-n.
Bus zwei Stunde-Mz-in abfährt-er
Der Bus fährt um zwei Uhr ab.

Boleto-ta ckó-a-y.
Fahrkarte-Akk gib-mir-!
Gib mir eine Fahrkarte.

Api-y.
habe-!
Bitte sehr.

Pasaporte-ta api-nqui-chu?
Pass-Akk hast-du-FP
Hast du einen Pass?

Pasaporte-ta ckó-a-y.
Pass-Akk gib-mir-!
Gib mir deinen Pass.

Kurzsprachführer Quichua

Na chaya-ycu.
schon ankommen-wir(exkl.)
Wir kommen gleich an.

Ima horas-pi chaya-su-nchis?
was Stunden-in ankommen-werden-wir
Wann kommen wir an?

Ñan-ta panta-ra-ni.
Weg-Akk irre-Vergh-ich
Ich habe mich verlaufen.

May-pi ... tía-n?
wo-in ... ist-er/-sie/-es
Wo ist ...?

Ima ina ... -man amo-saj?
wie so ... zu komme-ich/werde
Wie komme ich nach ...?

... carupi-chus cuti-n?
... weit-vielleicht ist-es
Wie weit ist es bis ...?

Richtungsangaben

ánaj lan	Norden	**ura lan**	Süden
aa lan, **inti lloqsinan**	Osten	**ucu lan,** **inti yaycunan**	Westen
Sonne Aufgang		*Sonne Untergang*	
ñaupay	geradeaus	**voliácuy**	zurück
checka	rechts	**llocke**	links
anajpi	oben	**urapi**	unten
caru, **carupi**	weit	**chaylla,** **chayllapi**	nah

Wetter

'Rupa-n.	*warm/ist-es*	Es ist warm.
Chiri-n.	*kalt/ist-es*	Es ist kalt.
Para-n.	*regnet-es*	Es regnet.
Huaira pucu-n.	*Wind weht-er*	Es ist windig.
Súmaj punchau.	*schön Tag*	Schöner Tag!

Wörterliste Deutsch – Quichua

Krank sein

Yanapa-y!
hilf-!
Bitte hilf (mir)!

Ima-ta sucede-so-ra?
was-Akk geschieht-dir-Vergh
Was ist dir passiert?

Alli-ta 'rúa-y, doctor-ta huílla-y!
gut-Umst mache-!, Arzt-Akk rufe-!
Bitte ruf einen Arzt!

Uma-y nana-a-n.
Kopf-mein schmerzt-mir-er
Ich habe Kopfschmerzen.

Maqui-y nana-a-n.
Hand-meine schmerzt-mir-sie
Mir tut die Hand weh.

Wörterliste Deutsch – Quichua

A

Abend werden chísiay
abkürzen (Weg) árcay
abreiben ckáckoy
abschneiden cúchuy
ähnlich ina
alle(s) túcuy
alt morcko, ñaupa, machu
Ameise shishi
andere sucuna
anderer suj
anfangen ckalláriy
anhalten sayácuy
ankommen cháyay
anschalten (Licht) cancháchiy
ansehen ckáay
antworten contéstay, niy
anzünden lauráchiy
arbeiten 'rúay, llámcay
Arbeiter llámcaj
ärgern púnquiy
arm huajcha;
   armer Kerl! huajchalu!
armselig micha
artig casúcoj
Asche ushpa
atmen sámay
aufheben sockáriy
aufhören puchúcay
aufstehen atáriy
Auge ñahui
ausschalten huánchiy
auswählen ájllay
Autor ínaj

B

Baby huahuita
baden ármay;
   sich b. armácuy
bald utcka
Bank (Sitz-) tiana
Bauch huicsa
Baum (Johannisbrot-) tacko
beauftragen míncay
bedauern llaquícuy
bedienen síruiy
Bein 'rúaj
beißen cániy
bekommen chasquiy, ápiy
Berg orcko, sacha
berühren chámcay

Wörterliste Deutsch – Quichua

Bescheid geben huillay
beschuldigen túmpay
besoffen chumao
besser astaan súmaj
bessern, sich (Gesundheit) allichácuy
betrunken machascka
bezahlen pagáray
billig utula ckoshcke
bitten máñay
bitter áyaj
bleiben cútiy
Blut yáar
böse werden piñácuy
Bote chasqui
braten cáncay
Braten canca
brauchen precísay
braun packo
brechen páquiy
breit palta
bringen púsay
Brot tanta
Bruder (v. Frau) tura;
 (v. Mann) huaucke
Buch libru
Busen ñuñu

D

danach chaymanta
danke agradeceyqui
das da chá(y)
Decke pilcha, chusi
deswegen chayraycu
dick huira
dickköpfig uman sinchi
Dieb súa
dies cá(y)
doof opa, huasu
Dorf poblau
dort chackaypi
dunkel tucu
dünn llañu

E

Ebene pampa
Ei 'rumi;
 Ei legen 'runtu
einige huaquin
einzig sujlla
Eis ckasa
entfernt caru
er pay
Erde allpa, ashpa
erinnern, sich yúyay
erstaunt sein huatúcuy
ersticken eckécuy
essen mícuy
etwas imapas

F

Familie ayllu
Farbe laya
fast yacka
faul (träge) ckella
fegen píchay
fehlen chusay
Feld chacra, pampa
fett quiquin
feucht ockoscka
Feuer nina
finden tíncuy, táriy
Fisch challua
Fleisch aycha
Fliege chuspi
fliegen páay
fliehen cacharícuy
Fluss mayu
fragen tápuy
Frau huarmi
fremd sujpa
freuen, sich cúsicuy
Freund yanasu
Freundin yanasa
Frühling ckómer pacha
Fuchs átoj
fürchten mánchay
Fuß chaqui

G

Gast cháyaj
geben ckoy;
 es gibt tían
gebraten cancascka
gehen 'riy;
 (spazieren) púriy;
 gehen wir! acuychis!
gelb ckellu
Geld ckoshcke
gerade eben cháyraj
geschickt churu
Gesicht uya
Gespenst manchachicu
gestern ckayna

Wörterliste Deutsch – Quichua

Getränk upiana
glänzen cánchay
glauben crííy
gleich ina
Glühwürmchen curucánchaj
Gold ckori
Gott tata yaya
grillen cáncay
groß atun
grün ckómer
gut allin

H

Haar chujcha
haben tíay
Hals cunca
Hand maqui
hart sinchi
hassen chéjniy
hässlich sajra
Haus huasi
heiß 'rúpaj
helfen yanápay
hell cánchaj
herbringen pusámuy, apámuy
Herbst póckoy pacha
Herr huerackocha
Herz soncko
heute cunan punchau
Hexe umu
hier caypi
Himmel ánaj pacha
hinausgehen llójsiy
hineingehen yáycuy
hinter huasapi
Hintern chaca
Hof patiu
Hölle súpay huasin
Holz caspi
hören uyáriy
Horn huajra
Huhn atashpa
Hund ashcko
hundert pacha
Hunger haben yárckay
husten újuy

I

ich nocka
immer túcuy pacha
intelligent unánchaj
irgendein pillapas

J

ja ari
jagen ápiy
Jahr huata
jemand pipas
jenes chacká(y)
jetzt cunan;
  j. gleich cunallan;
  j. reicht's! chaylla cachun!
Junge huayna

K

Kaiman ckomerejo
kalt chiri;
  k. sein chiriy
Katze mishi
kaufen 'rántiy
kennen réjsiy
Kind chango, huahua
kleben máckay
Kleidung pilcha
klein utula
Knie ckonckori
Knoblauch uchu
kochen yánuy
kommen ámuy
können átiy
Kopf uma
Körper ucu
kosten váley
krank werden ónckoy
Kranker onckoscka
Krankheit ónckoy
Kröte ampatu
Kürbis sapallu
kurzem: vor k. ñajcka
Kuss múchay
küssen múchay

L

lachen ásiy
lang suni
langsam allimanta
Languste tinti
lassen sáckey

Wörterliste Deutsch – Quichua

laufen ckátiy
leben causay
Leder ckara
ledig (Frau) mana ckosáyoj;
  (Mann) mana huarmíyoj
leer chúsaj
legen chúray
Lehmwand pirca
Lehrer yacháchej
Leine (Lasso) huasca
lernen yachanáay
lesen léey
Licht cancha
lieben múnay
links llocke
Luft huayra
lügen llúllay
Lügner llulla
lustig machen sichcámiy

M

machen 'rúay, ínay
Mädchen sipas
Magier umu
mahlen cútay
Mahlzeit micuna
Mais sara
Maisbrei api
Mal cutis
Mann ckosa
Männchen (Tier) orcko
Mate (Tee) yuyu
Medikament ampina
Medizinmann, Arzt ámpej
Mehl acu
mehr astaan
Mensch runa
messen túpuy
Mond quilla
morgen ckaya
Morgen tutamanta
müde: m. sein májsiy;
  m. werden sáycuy
Müll ckopa
Mund simi
Mutter mama

N

Nachmittag chisi
Nacht tuta;
  N. werden tutáyay
nahe ckaylla(pi)
nähen séray
Name suti
Nase sencka
nass machen óckoy
nehmen ápiy
neu mósoj
nicht mana, ama
nichts mana imapas
nie mana aycap
niemand mana pipas
nieseln gáruay
nochmal cutis
Norden ánaj lau
nützlich sirúej

O

oben anajpi
öffnen quicháriy
Ohr nigri
Oma mama vieja
Opa tata viejo
Ort llajta

P

Pfeil huachi
pinkeln íshpay

R

Rauch ckosni
rauchen pítay
rechts checka
Regen para
regnen páray
reich ashcko
reisen púriy
roh chaa, puca
rufen huájyay
Ruhe! ckasi tíay!
ruhig ckasi

S

sagen niy
Salz cachi
salzig cachilu, cachíyoj
sammeln pállay
Sand tíu
satt sajsa

Wörterliste Deutsch – Quichua

sauer patalcka
Scham pénckay
scheinen (glänzen) cánchay;
 mir scheint ... inacúan
schicken cáchay
schlafen púñuy
Schlange machájhuay
Schmerz nana
schmerzhaft nánaj
schmutzig mapa
schon na
schön súmaj
schreiben escríbiy
schreien ckapáriy
Schüler yachachina
Schüttelfrost chirichiri
schütteln cháprey
Schwanz chupa
schwarz yana
schwer lásaj
Schwester (v. Frau) ñaña;
 (v. Mann) pana
Schwiegertochter apshu
schwimmen huáytay
sehen ckáay
sehr ancha
sein (Verb) cay, tíay
selbst quipu
setzen chúray;
 sich s. tiácuy
sie (Ez) pay
sie (Mz) paycuna
singen cántay

so chayna;
 s. sei es! chayna cachun!
Sohn (v. Frau) huaa;
 (v. Mann) churi;
 (jüngerer) shulcu
Sommer 'rúpay pacha
Sonne inti
spielen pújllay;
 (Instrument) huájtay
Spielzeug pujllana
Sprache ckallu
sprechen 'rímay
stark sinchi
stehlen súay
stellen chúray
sterben huáñuy
Sternschnuppe ckóllur
still sein upállay
Stimme cunca
stinken mútquiy
Stock caspi, taana
Stoff aascka
Strafe llaqui
streiten, sich mackanácuy
stricken áay
Student yachachina
suchen máscay
süß mishqui

T

Tag punchau;
 T. werden packáriy

tanzen dánzay
taub upa
teuer ashca ckochcke
Teufel súpay
Tiger uturungu
Tochter (v. Mann) sipásniy;
 (v. Frau) huaa;
 (jüngere) shulca
Topf manca
tot huañuscka
töten huañúchiy
tragen ápay
Träne huecke
träumen mósckoy
traurig llaquicus, lláquej
trinken úpiay
tun ínay
Tür puncu

U

üben málliy
übersetzen pájchay;
 ins Spanische ü. castillapi chúray
Ufer chimpa
umarmen márckay
umrühren pájchay
umwerfen pájchay
unterrichten yacháchiy
unverschämt mana penckayníyoj
Urin ishpa

Wörterliste Deutsch – Quichua

V

Vater tata
verbessern sumájyay
verboten ama
Verbrechen ucha
verbrennen 'rúpay
verdienen gánay
vergangen llalliscka
vergessen ckónckay
verheiratet (Frau)
  ckosáyoj;
  (Mann) huarmíyoj
verkaufen 'rantícuy
Verletzung nana
verlieren chíncay
verloren chincascka
verrückt lojlo;
  v. werden locóyay
verschieden chulla
verstecken pácay;
  sich v. pacácuy
verstehen unánchay
Verwandte ayllucuna
verwundet nanachiscka
viel(e) ashca
vielleicht atin cayta
vor ñauckempi
vorbeigehen lLálliy
Vorderseite pajra
vorgestern
  chaynacháynaj
vorher únay

W

wachsen huíñay
Wahrheit checka
Wald sacha
Wand percka
warm ckoñi
warm sein 'rúpay
warten súyay
waschen máyllay;
  sich w. mayllácuy
Wasser yacu
weben áay
Weber áaj
Webstuhl aana
wecken llíjchay
Weg ñan
weh tun nánay
Weibchen (Tier) china
weich llampu, lluspi
weil imajraycu
Wein vinu
weinen huáckay
Weiser yáchaj
weit weg carupi
weitergehen ñáupay
wenig utula
wenn nicht manapé
werden voliácuy
werfen (weg-) chéckay
wiederholen cutis 'rúay
wild piña
Wildschwein sacha
  cuchi
Wind huayra
Winter chíriy pacha

wissen yáchay;
  w. wollen yachanáay
wohnen causay
Wohnung causana
Wolke puyu
Wolle millua
wollen múnay
Wunde nana
wünschen múnay
Wurm curu
Wurzel sapi

Z

Zahn quiru
zärtlich llullu
Zeit pacha
zu viel ancha ashca
zukünftig ámoj
Zunge ckallu
zusammen cusca
zusammendrücken ñítiy
zusätzlich yapa

Literaturhinweise

Wer gerne noch mehr wissen möchte, kann hier weiterlesen:

Über das argentinische Spanisch (Castellano)

Die hier aufgeführten Bücher / Schriften sind nicht über den Reise Know-How Verlag Peter Rump GmbH erhältlich.

- **Hugo Kubarth: „Das lateinamerikanische Spanisch"**, Hueber-Verlag, München 1987
- **Félix Coluccio: „Diccionario de voces y expresiones argentinas"**, Buenos Aires 1985 *(Wörterbuch, beinhaltet auch das Lunfardo)*
- **Juliane Vering: „¿Qué tal? Curso de español en Argentina"**, Buenos Aires 1991 *(Lehrbuch für Anfänger)*
- **Elina Malamud: „Macanudo 1, Manual para la enseñanza del español del Río de la Plata"**, Buenos Aires 1990 *(Kommunikationskurs für Anfänger)*

Über das Quichua

Alle mir bekannten Bücher über das Quichua von Santiago sind in spanischer Sprache erschienen und stellen wegen der Kleinst-Auflagen echte Raritäten dar. Einige dieser Bücher findet man in der Bibliothek des Museo Etnográfico, Facultad de Filosofía, Calle Moreno 350, Capital Federal, Buenos Aires.

- **Delia Rothschild, Orfelia Garcia: „Quichua fácil para conversar, leer y escribir"**, Buenos Aires, 1989
- **Domingo Bravo: „Diccionario Castellano Quichua santiagueño"**, La Banda, Santiago del Estero, 1988
- **Domingo Bravo: „El quichua santiagueño, reducto idioma argentino"**, Tucumán 1956 (Grammatik, Wörterverzeichnis, Texte)
- **Alma Pedretti de Bolon: „Antigua y nueva Gramática"**, Montevideo 1978

- **Sprachkurse** für Quichua finden auch statt in der Casa de la Provincia de Santiago del Estero, Calle Florida 274, Buenos Aires, sowie in der Universidad Nacional de Santiago del Estero, Facultad de Humanidades, Calle Belgrano Sur 1912, Santiago del Estero.

Weitere Titel für die Region von REISE KNOW-HOW

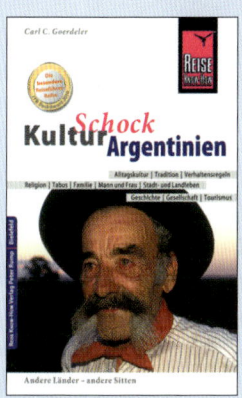

Argentinien mit Patagonien und Feuerland

Jürgen Vogt
978-3-8317-2360-7

588 Seiten │ **23,90 Euro [D]**

37 Karten und Pläne
Zahlreiche Exkurse und Info-Kästen

KulturSchock Argentinien

Carl D. Goerdeler
978-3-8317-1268-7

228 Seiten │ **14,90 Euro [D]**

Verhaltenstipps von A bis Z

Extrainfos verweisen auf den Text illustrierende Videos, Sounds und andere Medien

www.reise-know-how.de

Wörterliste Deutsch – Spanisch

Wörterliste Deutsch – Spanisch

Die Wörterlisten enthalten jeweils etwa 1000 Wörter, die einen soliden Grundwortschatz darstellen. Vokabular, das besser in den einzelnen Kapiteln gefunden werden kann, ist hier nicht immer aufgenommen worden. Weibliche Hauptwörter (Substantive) haben in der Regel die Endungen -a, -ión, -ad, -z, männliche Substantive haben in der Regel die Endungen -o, -or, -n, -l. Im Zweifelsfall sind Hauptwörter mit „m" oder „w" gekennzeichnet.

A

ab a partir de
abbiegen doblar
Abendbrot, -essen cena
  A. essen cenar
aber pero
abhängen depender
abreisen partir
Absicht intención (w)
Achtung atención (w), ¡mucho ojo!
Adresse dirección (w)
Aids SIDA (m)
alle todos
allein sólo;
  (nur) solamente
alles todo
allgemein en general
also pues
alt viejo
an en, cerca de
anbieten ofrecer
Andenken recuerdo
anderer otro
Anfang comienzo
anfangen empezar
angeln pescar
angenehm agradable
Angst miedo
ängstlich ansioso
anhalten pararse
ankommen llegar
anschalten prender, encender
ansehen mirar
anstellen, sich (in eine Reihe) formar fila
antworten contestar
Anzeige (Zeitung) anuncio, aviso
anzeigen anunciar
anziehen ponerse;
  sich a. vestirse
Anzug ambo, traje (m)
Apotheke farmacia
Arbeit trabajo, laburo
arbeiten trabajar, laburar
Arbeiter obrero
argentinisch argentino, criollo
arm pobre
Arm brazo
Art manera
Arzt médico
Aschenbecher cenicero
auch también;
  a. nicht tampoco
auf sobre
aufhören acabar, terminar
aufpassen cuidar
aufräumen arreglar
aufschreiben notar
aufstehen levantarse
aufwachen despertarse

Wörterliste Deutsch – Spanisch

Aufzug ascensor (m)
Auge ojo
aus de, desde
Ausflug excursión (w)
Ausgang salida
ausgebucht completo
ausgehen salir
ausgezeichnet excelente
Ausländer gringo
ausländisch extranjero
ausreichend suficiente
ausruhen, sich descansar
ausschalten apagar
Aussicht vista
aussteigen bajar
auswählen elegir
Ausweis documento de identidad (D.N.I.)
ausziehen (etwas) sacarse, quitarse
Auto auto, coche (m)
Autobahn autopista
Autokennzeichen chapa

B

Baby nena, nene (m)
Bäckerei panadería
Bademantel bata de baño
baden bañarse
Badewanne bañera
Badezimmer baño
Bahnhof estación de ferrocarril (w)
bald pronto
Bank (finanz.) banco
bar: in b. contado, efectivo
Batterie pila
bauen construir
Beamter funcionario
beeilen, sich apurarse
beeindruckend impresionante
beenden terminar, acabar
befinden, sich estar, encontrarse
begleiten acompañar
behandeln atender
Bein pierna
Beispiel (zum B.) ejemplo (por e.)
bekannt conocido
bekommen recibir, conseguir
bemerken darse cuenta de
Benzin nafta
beobachten observar
bequem cómodo
berühren tocar
Beschwerde reclamo
besonders especialmente
besuchen visitar
Bett cama
Bettlaken sábana
bevorzugen preferir
bewegen mover
bewundern admirar
bezahlen pagar
beziehen, sich (auf) referirse (a)
Beziehung vínculo
Bier cerveza
Bild cuadro, dibujo
billig barato, económico
bis (zeitl.) hasta
bitte! ¡por favor!
bitten pedir, rogar
bitter amargo
Blatt hoja
bleiben quedarse
Bleistift lápiz (m)
blond rubio
Blume flor
Boden suelo
Botschaft embajada
brauchen necesitar
brechen romperse
breit ancho, amplio
Brief carta
Brille anteojos (Mz)
bringen traer
Buch libro
buchstabieren deletrear
Bügeleisen plancha
bügeln planchar
Bürgersteig vereda
Büro escritorio, oficina, despacho
Bürste cepillo
Bus colectivo, micro

ciento ochenta y cinco | 185

Wörterliste Deutsch – Spanisch

C

Café bar (m)
Chef jefe (m), patrón (m)
chemische Reinigung tintorería

D

da allí
Dach techo
dafür (sein) (estar) en favor
dagegen (sein) (estar) en contra
damit para que
danke! ¡gracias!
dann entonces, luego
das da eso
dass que
dauern tardar, demorar
Dauerwelle permanente (m)
Decke frazada
Demonstration manifestación (w)
denken pensar
deutsch alemán
Deutsche alemana
Deutscher alemán
Diät régimen (m)
dick grueso
dies este
Diesel gas oil (m)
Disko discoteca
doof estúpido
Dorf pueblo
dort allí, allá;
 d. hinten en el fondo
draußen afuera
drinnen dentro
dünn fino
durch por
Dusche ducha

E

echt puro
egal: es ist e. da igual
Ehe matrimonio
Ehefrau esposa
Ehemann marido
Ei huevo
Eigentümer dueño
Eimer balde (m)
einfach simple, fácil
einfarbig liso
Eingang entrada
einladen invitar
einpacken envolver
Eintrittskarte entrada, boleto
einverstanden sein estar de acuerdo
einwandern radicarse
Einwanderungsbehörde migración (w)
Einwohner habitante (m)
einzig único
Eis helado
elektrisch eléctrico
Eltern padres (Mz)
empfehlen recomendar
Ende fin (m)
endlich por fin, finalmente
eng estrecho
englisch inglés
entfernen quitar
entscheiden, sich decidirse
Entschuldigung perdón (m)
entspannt relajado
enttäuscht desilusionado
Erdgeschoss planta baja
Erfolg éxito
erfreut encantado
erholen, sich recuperarse
erinnern, sich acordarse, recordar
erklären declarar, explicar
erlauben permitir
Ersatzteil repuesto
erster primero
Erwachsener adulto, mayor (m)
erzählen contar
essen comer
Etage piso
etwas algo

Wörterliste Deutsch – Spanisch

F

Fabrik fábrica
Fahne bandera
fahren (allgemein) ir, andar;
  (lenken) manejar
Fahrkarte boleto, pasaje (m)
Fahrkartenschalter boletería
Fahrrad bicicleta
Falle trampa
fallen caer
falsch (gefälscht) trucho;
  (Irrtum) falso
Farbe color (m)
Farm estancia
fast casi
fehlen faltar
fein fino
Fenster ventana, ventanilla
Fernsehserie telenovela
fertig listo
Fest fiesta
Fett grasa
feucht mojado, húmedo
Feuer fuego
Feuerwehr bomberos (Mz)
Film película
finden encontrar
Finger dedo
Flasche botella
Fleisch carne (w)
Flug vuelo
Flughafen aeropuerto
Flugzeug avión (m)
Flur pasillo
Fluss río
folgend siguiente
fotografieren sacar fotos
fragen preguntar
Frau señora
Fräulein señorita
frei libre
freuen, sich alegrarse
Freund amigo; novio
Freundin amiga; novia
freundlich amable
Friedhof cementerio
Friseur peluquería
früh temprano
Frühstück desayuno
fühlen sentirse
funktionieren andar
für para, pa'
Fuß pie (m);
  zu F. gehen caminar, andar a pie
Fußball fútbol (m)

G

ganz todo, entero
Gardine cortina
Garten jardín (m)
Gast invitado
Gebäude edificio
geben dar;
  es gibt hay
geboren werden nacer
Gebühr arancel (m), tasa
Geburtstag aniversario, cumpleaños (Mz);
  G. haben cumplir años
gefährlich peligroso
gefallen gustar
gefüllt relleno
Gegend región (w)
gegenüber enfrente de
gehen ir, andar
Geld plata, dinero
Gelegenheit oportunidad (w)
gemischt mixto
Gemüse verdura
genießen disfrutar
genügend suficiente
Gepäck equipaje (m)
gerade eben recién
Geräusch ruido
Geschäft tienda
Geschäftsführer gerente (m)
geschehen suceder
Geschenk regalo
Geschichte historia
Geschirr vajilla
geschlossen cerrado
Geschmack gusto
Gesicht cara
gestern ayer;
  g. Abend anoche
gesund sano

ciento ochenta y siete | 187

Wörterliste Deutsch – Spanisch

Gesundheit salud (w)
Getränk (allg.) bebida;
  (Cola usw.) gaseosa
Gewerkschaft sindicato
Gewicht peso
gewinnen ganar
Glas (Gefäß) vaso;
  (Material) vidrio
glatt (Haare) liso
Glaube fe (w)
glauben creer
gleich igual, mismo;
  (sofort) en seguida,
  ahora mismo
Glück suerte (w)
glücklich feliz
Glückwunsch
  felicidades (Mz)
Gold oro
Gott Dios
grausam cruel
Grill (am Haus) parrilla;
  (Imbiss) rotisería
groß grande
Größe tamaño
größer (älter) mayor
Grund razón (w)
Gruß saludo
Gürtel cinturón (m)
gut bueno; bien (Umst.)

H

Haar cabello
Haarschnitt corte (m)
haben tener
Hafen puerto
halb medio
Haltestelle parada
Hammer martillo
Hand mano (w)
handeln tratar
Handtasche cartera
Handtuch toalla
hängen colgar
hart duro
Hase conejo
hässlich feo
Hauptstadt capital (w)
Haus casa
Hause: nach H. a casa;
  zu H. (bei mir)
  en (mi) casa
Häuserblock cuadra
Hausmeister conserje
  (m)
heiraten casarse
heiß caliente
heißen llamarse
Heizung calefacción (w)
helfen ayudar
hell luminoso, claro
Hemd camisa
herausziehen sacar
herein! ¡adelante!
Herr señor (m)
Herz corazón (m)
heute hoy
hier acá, aquí
hinauffahren/-gehen
  subir
hinausgehen salir
hineingehen entrar
Hinfahrt ida
hinten detrás
hinter detrás de
hinunterfahren bajar
Hitze calor (m)
hoch alto
Hochzeit bodas (Mz)
hoffen esperar
hoffentlich ojalá
Holz madera
hören escuchar, oír
Hose pantalón (m)
hübsch lindo
Hund perro
Hunger hambre (w, el)
Hütte rancho

I

Idee idea
immer siempre
Impfung vacunación (w)
in en
Inhalt contenido
irgendein algún
irren, sich equivocarse

J

ja sí
Jacke campera
Jahr año
jeder cada
jemand alguien
jenes aquello

Wörterliste Deutsch – Spanisch

jetzt ahora
Johannisbrotbaum algarrobo
jung jóven
Junge chico, muchacho

K

Kaffee café (m)
kalt frío
Kamera cámara fotográfica
Kamm peine (m)
kämmen, sich peinarse
kämpfen luchar
kaputt roto, estropeado
Kasse caja
kassieren cobrar
kaufen comprar
kaum apenas
kein ningún
Kellner mozo
kennen conocer;
  sich k. lernen conocerse
Kerze vela
Kind niño, niña
Kindergarten jardín de infantes (m)
Kino cine (m)
Kirche iglesia
Kiste caja
klar claro
Klavier piano
Kleid vestido
Kleidung ropa

klein chico, pequeño
Klempner plomero
Klimaanlage aire acondicionado
Kneipe boliche (m)
Knoblauch ajo
Knopf botón (m)
kochen (sieden) hervir;
  (zubereiten) cocinar
Kochtopf olla, cacerola
Koffer valija
Kohle carbón (m)
kommen venir, llegar;
  k. aus provenir de
können poder
Konzert recital (m)
Kopf cabeza
Kopfsalat lechuga
Korkenzieher destapador (m)
kosten costar
krank enfermo
Krankenhaus hospital (m)
Krankenkasse obra social
Krankenschwester enfermera
Kravatte corbata
Kreditkarte tarjeta de crédito
Küche cocina
Kuchen torta
Kugelschreiber birome (w)
Kühlschrank heladera

Künstler artista (m)
Kunstwerk artefacto
Kuss beso
küssen besar

L

lachen reir
Laden tienda
Lampe (Birne) lámpara
Land país (m)
Landesinneres interior (m)
Landhaus quinta
Landkarte mapa (m)
Landschaft paisaje (m)
Landstraße ruta
lang largo
langärmelig manga larga
lange (Zeit) mucho tiempo
längs (entlang) a lo largo (de)
langsam despacio
langweilig aburrido
Lärm ruido
lassen dejar
laut alto
leben vivir
Leben vida
Lebensmittel alimentos (Mz)
lecker rico
Leder cuero
leer vacío

ciento ochenta y nueve | **189**

Wörterliste Deutsch – Spanisch

legen poner
leicht (einfach) fácil;
  (Gewicht) ligero
leiden sufrir
leider lamentablemente
lernen aprender,
  estudiar
lesen leer
letzter último
Leute la gente (Ez)
Licht luz (w)
Liebe amor (m)
lieben querer, amar
Lied canción (w)
links a la izquierda
Lippenstift
  barra de labios
Lohn (Gehalt) sueldo
Lotto prode (m)
Luft aire (m)
Lust ganas (Mz)
lustig divertido

M

machen hacer
Mädchen chica,
  muchacha
mal (una) vez
malen (an-) pintar
Maler pintor (m)
man se, uno
manchmal a veces
Mantel sobretodo
Markt mercado,
  abastecimiento
Marmelade mermelada
Maschine máquina
Mate (Tee) yerba
Meer mar (m)
Mehl harina (w, el)
mehr más
meinen opinar, pensar
Meinung opinión (w)
Mensch hombre
Messer cuchillo
mieten alquilarse
Milch leche (w)
mindestens por mínimo
Mineralwasser
  agua mineral (w, el)
mit con
mitnehmen llevar
Mittag mediodía (m);
  zu M. essen almorzar
Mittagspause siesta
Möbel muebles (Mz)
modisch buena onda
möglich posible
Monat mes (m)
morgen mañana
Morgen mañana
Motorrad moto (w)
müde cansado
Mühe pena
Mund boca
Münze moneda
Muschel mejillón (m)
müssen deber, tener que
Mutter madre (w)

N

nach (zeitl.) después de
Nachmittag tarde
Nachname apellido
Nachrichten noticias (Mz)
nachsehen averiguar
nächster próximo
Nacht noche (w)
Nachtisch postre (m)
Nagel (Finger-) uña;
  (Metall) clavo
nahe cerca
neben al lado de
nehmen agarrar, tomar
nein no
neu nuevo
nicht (mehr) (ya) no
nichts nada
noch aún, todavía;
  n. ein(e) otro
Norden norte (m)
notwendig necesario
Nummer número
nur solamente
nützlich útil

O

ob si
oben arriba
Obst fruta
Ofen (Herd) horno
offen abierto
öffnen abrir

Wörterliste Deutsch – Spanisch

oft frecuentemente, a menudo
Ohr oreja
Öl aceite (m)
Omelett tortilla
Ort lugar (m), ubicación (w)
Ostern Pascua

P

Paket paquete (m)
Papier papel
Paprikapulver pimentón (m)
Parfum perfume (m)
parken estacionar
Parkett (Theater) platea
Parkplatz playa de estacionamiento
Pass pasaporte (m)
Passagier pasajero
passieren pasar
pensioniert jubilado
Personalausweis D.N.I. (Abk.), cédula
Pfanne sartén (w)
Pfeffer pimienta, ají (m)
Pferd caballo
Pflaster curita, tela adhesiva
Plastik plástico
Platte disco
Plattenspieler tocadiscos (m)
Platz plaza
Polizei policía (federal)
Post correo(s)
Postkarte tarjeta postal
Praxis (Arzt) consultorio; **(Übung)** práctica
Preis precio
probieren probar
Prost chin-chin
Prüfung examen (m)
Pullover suéter (m), chompa
Punkt punto
pünktlich puntualmente
Puppe muñeca

Q

Quelle fuente (w)

R

Rabatt descuento
Radiergummi borradora
Radio radio (w)
rasieren, sich afeitarse
Rat geben aconsejar
rauchen fumar
Raum sala
Rechnung cuenta
Recht derecho
rechts a la derecha
rechtzeitig a tiempo
Regen lluvia
Regierung gobierno
regnen llover
reich rico
Reifenwerkstatt gomería
Reis arroz (m)
Reise viaje (m)
Reisebüro agencia de viajes
Reiseführer guía (m)
reisen viajar
Reparatur compostura, reparación (w)
Rezept receta
Richtung rumbo, dirección (w)
Ring anillo
Rock pollera
Rotwein vino tinto
Rückfahrt vuelta
Rückkehr regreso
Rucksack mochila
rufen llamar
ruhig tranquilo
rund redondo

S

Sache cosa
Saft jugo
sagen decir
Sahne (süße) crema
Saison (Hoch-/Neben-) temporada (alta/baja)
Salat ensalada
Salz sal (w)
Sammlung colección (w)
Sand arena
Satz frase (w)

Wörterliste Deutsch – Spanisch

sauber limpio
scharf (gewürzt) picante
Schatten sombra
schauen mirar
Schaufenster vidriera
Schauspiel espectáculo
Scheibenwischer limpiaparabrisas (m)
scheinen parecer
Scheinwerfer faro
Scheiße! ¡mierda!
schicken enviar, mandar
Schirm paraguas (m), sombrilla
schlafen dormir
Schlag golpe (m)
Schläger (Tennis-) raqueta (de tenis)
Schlagloch pozo
Schlange (Tier) víbora; **Schl. stehen** hacer cola
schlecht mal
schlechter peor
schließen cerrar
Schloss (Tür) herramiento **(Vorhänge-)** candado
Schlüssel llave (w)
schmecken gustar
Schmerz dolor (m)
schminken, sich maquillarse
schmutzig sucio
Schnee nieve (w)
schneiden (ab-) cortar
schneien nevar
schnell rápido
Schokolade chocolate (m)
schon ya
schön hermoso, lindo
Schrank placard (m)
Schraubenzieher destornillador (m)
schreiben escribir
schreien gritar
Schublade cajón (m)
Schuh zapato
Schuld culpa
Schule escuela, colegio
Schüler alumno
schwer (Gewicht) pesado
schwierig difícil
Schwimmbad piscina
schwimmen nadar
schwindelig mareado
See lago
sehen ver
sehr muy, re-
Seide seda
Seife jabón (m)
sein (Verb) ser, estar
seit desde, hace
Seite (Buch) página; **(Straße)** lado
selbstverständlich por supuesto
setzen, sich sentarse
Shampoo champú (m)
sich se
sicherlich seguramente
Silber plata
singen cantar
Sitzplatz asiento
Ski esquí (m); **S. fahren** esquiar
so así, tan
sofort en seguida
Sonderangebot oferta
sondern sino
Sonne sol (m)
sonnen, sich broncearse
Sonnenblume girasol (m)
sonst: s. noch etwas? ¿algo más?
sorgen, sich preocuparse
Soße salsa
soviel tanto
Spanier español
Spanierin española
spanisch español; **(Sprache)** castellano
spät tarde
später después
spazieren gehen pasear
spenden donar
Spiegel espejo
spielen (z. B. Gitarre) tocar (la guitarra); **(Kinder)** jugar
Spielzeug juguete (m)
sponsoren auspiciar
Sport deporte (m)
Sportplatz cancha

Wörterliste Deutsch – Spanisch

sprechen hablar
Spülmittel detergente (m)
Staat estado
Stadt ciudad (w)
Stadtbücherei biblioteca municipal
Stadtmitte centro
Stadtplan mapa (m)
Stadtteil barrio
stark fuerte
Staubsauger aspiradora
Stecker ficha
stehen bleiben detenerse
Stein piedra
Stelle lugar (m)
stellen colocar
Steppe pampa
sterben morir(se)
Steuern impuestos (Mz)
Stewardess azafata
Stockwerk piso
Strafe pena
Strand playa
Straße calle (w); **(breite)** avenida
Straßenschild pasacalle (m)
Strauß (Blumen) ramo (de flores)
Streichholz fósforo
Streik huelga
streiten, sich pelearse
Stück pedazo, trozo
Stuhl silla

Stunde hora
suchen buscar
Süden sur (m)
südlich austral
Supermarkt supermercado
Suppe sopa

T

Tag día (m)
Tal valle (m)
Tankstelle estación de servicio (w)
Tankwart naftero
Tanne pino
Tanz baile (m)
tanzen bailar, danzar
Tasche bolso
Taschenmesser navaja
Tasse taza
taub sordo
Taube paloma
Tee té (m)
Teil parte (w)
teilen (Zimmer) compartir
Telefon teléfono
Telefonbuch directorio
Telefonmünze ficha (telefónica)
Telefonnummer número de teléfono
Teller plato
Tennis tenis (m)
Teppich alfombra

Tesafilm cinta adhesiva transparente
teuer caro
Tier animal (m)
Tisch mesa
Titelseite tapa
Toilette baño
Toilettenpapier papel higiénico (m)
toll bárbaro, macanudo
Topf cazuela
töten matar
Toto (Spiel) quiniela
tragen llevar
traurig triste
Treffen encuentro
trinken beber, tomar
Trinkgeld laudo, propina
trocken seco
Tür puerta
Tüte bolsa
Typ tipo
typisch típico

U

U-Bahn subte (m)
üben practicar
über (auf) sobre
Überfluss: im Ü. abundante
überhaupt en absoluto
Überweisung giro
überzeugt convencido
übrig bleiben quedar
Ufer orilla

Wörterliste Deutsch – Spanisch

Uhr reloj (m)
umarmen abrazar
umsteigen combinar
umtauschen cambiar
umziehen (Haus) mudarse;
 sich u. (Kleidung) cambiarse
und y
Unfall accidente (m)
ungefähr alrededor, más o menos
Universität universidad (w)
unmodisch mala onda
unmöglich imposible
Unordnung lío, quilombo
unten abajo
unter debajo de
Unterbrechung interrupción (w)
Unterdrückung represión (w)
unterhalten, sich conversar, charlar
Unterschied diferencia
unterschiedlich diferente, vario
Unterschrift firma
untersuchen revisar

V

Vater padre (m)
verabreden, sich citarse
verbieten prohibir
verbringen (Ferien) pasar (las vacaciones)
verdienen ganar
vergessen olvidar
vergnügen, sich divertirse
verheiratet casado
verkaufen vender
Verkehr (Straßen-) tránsito
verlieben, sich enamorarse
verliebt enamorado
verlieren perder
vermieten alquilar
verrückt loco, maluco, macanudo
verschieben (zeitl.) postergar
Verschmutzung contaminación (w)
Versicherung seguro
Verspätung retraso
versprechen prometer
verstehen entender
versuchen intentar
Vertrag contrato
vertrauen confiar
Videorecorder videograbador (m)
Vieh ganado
viel mucho, un montón
vielleicht quizás
Vogel pájaro
voll lleno
völlig totalmente

von de
vor (örtl.) delante de;
 (zeitl.) hace
Voraus: im V. previamente
vorbereiten preparar
Vorgang (bürokrat.) trámite (m)
vorher antes
Vorname nombre (m)
vorne delante
Vorschlag propuesta
vorstellen (Person) presentar;
 sich v. (mit Namen) presentarse;
 sich etwas v. imaginarse
Vorstellung función (w)
Vorwahl (Telefon) característica

W

Waffe arma (w, el)
Wagen auto;
 (Supermarkt) chango
während durante
Wahrheit verdad (w)
Wald bosque (m)
Wand pared (w)
warten esperar
waschen lavar;
 sich w. lavarse
Waschmaschine lavarropas (m)

Wörterliste Deutsch – Spanisch

Wasser agua (w, el)
wegen por
weggehen irse
wegwerfen botar
weh tun doler
weich suave
Weihnachten navidad (w)
weil porque
Wein vino
weinen llorar
Weintraube uva
Weißwein vino blanco
weit (entfernt) lejos
weitergehen seguir
Welle ola, onda
Welt mundo
wenig poco
weniger menos
wenn (falls) si
Werbung comercial (m)
werden hacerse (Beruf), ponerse
werfen arrojar
Werkstatt taller (m)
Wert valor (m)
wertvoll valioso
Westen oeste (m)
Wetter tiempo, clima (m)
wichtig importante
wie cómo

wieder otra vez, de nuevo;
w. tun volver a hacer
wiederholen repetir
Wildleder gamuza
willkommen bienvenido
Wind viento
wirklich efectivamente, realmente
wissen saber
Woche semana
Wochenende fin de semana (m)
wohnen vivir
Wohnung departamento
Wohnzimmer living (m)
Wolke nube (w)
Wolle lana
wollen querer
Wort palabra
wundern, sich extrañar
wünschen desear
würzen condimentar

Z

zählen contar
Zahn diente (m), muela
Zahnarzt dentista
Zahnpasta dentífrico, crema dental
zärtlich cariñoso

Zeh dedo
Zeichnung diseño
zeigen mostrar
Zeit tiempo
Zeitschrift revista
Zeitung diario
Zelt tienda de campamento
Zettel apunte (m), hoja
Zeuge testigo
ziehen sacar
Ziel destino
ziemlich bastante
Zigarette cigarillo
Zimmer habitación (w), ambiente (m)
Zoll aduana
zu (nach) a, hacia;
z. viel demasiado
Zucht cría
zuerst primero
zufrieden contento
Zug tren (m)
zurechtmachen, sich arreglarse
zurück a la vuelta, atrás
zurückkommen volver
zusammen juntos
zusätzlich adicional
Zuschlag recargo
Zustand estado
Zweifel duda
zwischen entre

Wörterliste Spanisch – Deutsch

A

a zu, nach
abajo unten
abastecimiento Markt
abierto offen
abrazar umarmen
abrir öffnen
absoluto: en a. überhaupt
abundante im Überfluss
aburrido langweilig
acá hier
acabar beenden, aufhören
accidente (m) Unfall
aceite (m) Öl
aclarar erklären
acompañar begleiten
aconsejar Rat geben
acordarse sich erinnern
acuerdo: estar de a. einverstanden sein
adicional zusätzlich
admirar bewundern
aduana Zoll
adulto Erwachsener
aeropuerto Flughafen
afeitarse sich rasieren
afuera draußen
agarrar nehmen
agencia de viajes Reisebüro
agradable angenehm
agua (w, el) Wasser;
  a. mineral Mineralwasser
ahora jetzt;
  a. mismo gleich, sofort
aire (m) Luft;
  a. acondicionado Klimaanlage
ají (m) roter Pfeffer
ajo Knoblauch
alegrarse sich freuen
alemán deutsch; Deutscher
alemana Deutsche
alfombra Teppich
algo etwas;
  ¿a. más? sonst noch etwas?
alguien jemand
algún irgendein
alimentos (Mz) Lebensmittel
allá dort
allí da
almorzar zu Mittag essen
alquilar vermieten;
  alquilarse mieten
alrededor ungefähr
alto hoch; laut
alumno Schüler
amable freundlich
amar lieben
amargo bitter
ambiente (m) Zimmer
ambo Anzug
amiga Freundin
amigo Freund
amor (m) Liebe
amplio breit
ancho breit
andar fahren, gehen; funktionieren;
  a. a pie zu Fuß gehen
anillo Ring
animal (m) Tier
aniversario Geburtstag
anoche gestern Abend
ansioso ängstlich
anteojos (Mz) Brille
antes vorher
anunciar anzeigen
año Jahr
apagar ausschalten
apellido Nachname
apenas kaum
aprender lernen
apunte (m) Zettel
apurarse sich beeilen
aquello jenes
aquí hier
arancel (m) Gebühr
árbol (m) Baum
arena Sand
argentino argentinisch; Argentinier
arma (w, el) Waffe

Wörterliste Spanisch – Deutsch

arreglar aufräumen; **arreglarse** sich zurechtmachen
arriba oben
arrojar werfen
arroz (m) Reis
artefacto Kunstwerk
artista (m) Künstler
ascensor (m) Aufzug
así so
asiento Sitzplatz
aspiradora Staubsauger
atención (w) Achtung
atender behandeln
atrás zurück
aún noch
auspiciar sponsern
austral südlich
austríaco österreichisch; Österreicher
auto Auto, Wagen
autopista Autobahn
avenida (größere) Straße
averiguar nachsehen
avión (m) Flugzeug
aviso Anzeige (Zeitung)
ayer gestern
ayudar helfen
azafata Stewardess

B

bailable (m) Disko
bailar tanzen
baile (m) Tanz
bajar aussteigen, hinuntergehen
banco Bank (finanz.)
bandera Fahne
bañarse baden
bañera Badewanne
baño Badezimmer, Toilette
bar (m) Café
barato billig
bárbaro toll, super
barra: b. de labios Lippenstift
barrio Stadtteil
bastante ziemlich
bata de baño Bademantel
beber trinken
bebida Getränk
besar küssen
beso Kuss
biblioteca: b. municipal Stadtbücherei
bicicleta Fahrrad
bien gut (Umst.)
bienvenido willkommen
birome (w) Kugelschreiber
boca Mund
bochinche (m) Durcheinander
bodas (Mz) Hochzeit
boletería Fahrkartenschalter
boleto (Fahr-, Eintritts-) Karte, Ticket
boliche (m) Kneipe
bolsa Tüte
bolso Tasche
bomberos (Mz) Feuerwehr
borradora Radiergummi
bosque (m) Wald
botar wegwerfen
botella Flasche
botón (m) Knopf
brazo Arm
broncearse sich sonnen
bueno gut
buscar suchen

C

caballo Pferd
cabello Haar
cabeza Kopf
cacerola Kochtopf
cada jeder
caer (hin)fallen
café (m) Kaffee
caja Kasse, Kiste
cajón (m) Schublade
calefacción (w) Heizung
caliente heiß
calle (w) Straße
calor (m) Hitze
cama Bett
cámara fotográfica Kamera
cambiar umtauschen; **cambiarse** sich umziehen (Kleidung)

Wörterliste Spanisch – Deutsch

caminar zu Fuß gehen
camisa Hemd
campera Jacke
cancha Sportplatz
canción (w) Lied
candado (Vorhänge-)Schloss
cansado müde
cantar singen
caño Wasserhahn
capital (w) Hauptstadt
cara Gesicht
característica Vorwahl (Telefon)
carbón (m) Kohle
cariñoso zärtlich
carne (w) Fleisch
caro teuer
carta Brief
cartera Handtasche
casa Haus;
  en (mi) c. zu Hause (bei mir)
casado verheiratet
casarse heiraten
casi fast
cazuela Topf
cédula Personalausweis
cementerio Friedhof
cena Abendessen
cenar zu Abend essen
cenicero Aschenbecher
centro Stadtmitte
cerca nahe, in der Nähe
cerrado geschlossen
cerrar schließen
cerveza Bier
champú (m) Shampoo
chapa Autokennzeichen
charlar sich unterhalten
chica Mädchen
chico klein; Junge
¡chin-chin! Prost!
chompa Pullover
cigarillo Zigarette
cine (m) Kino
cinta adhesiva transparente Tesafilm
citarse sich verabreden
ciudad (w) Stadt
claro hell, klar
clavo Nagel (Metall)
clima (m) Wetter
cobrar kassieren
coche (m) Auto
cocina Küche
cocinar kochen (zubereiten)
cola: hacer c. Schlange (stehen)
colección (w) Sammlung
colectivo Bus
colegio Gymnasium, Schule
colgar hängen
colocar stellen
color (m) Farbe
combinar umsteigen
comer essen
comercial (m) Werbung
comienzo Anfang
como wie
cómodo bequem
compartir teilen (Zimmer)
completo ausgebucht
compostura Reparatur
comprar kaufen
con mit
condimentar würzen
conejo Hase
confiar vertrauen
conmigo mit mir
conocer kennen;
  conocerse sich kennen lernen
conocido bekannt
conseguir bekommen
conserje (m) Hausmeister
construir bauen
consultorio (Arzt-)Praxis
contado in bar
contaminación (w) Verschmutzung
contar zählen, erzählen
contenido Inhalt
contento zufrieden
contestar antworten
contra: estar en c. dagegen sein
contrato Vertrag
convencido überzeugt
conversar sich unterhalten
corazón (m) Herz
corbata Krawatte

Wörterliste Spanisch – Deutsch

correo(s) Post
cortar (ab)schneiden
corte (m) Haarschnitt
cortina Gardine
cosa Sache
costar kosten
creer glauben
crema süße Sahne;
  c. dental Zahnpasta
criollo argentinisch
cruel grausam
cuadra Häuserblock
cuadro Bild
cuenta Rechnung;
  darse c. de bemerken
cuero Leder
cuidar aufpassen
culpa Schuld
cumpleaños (Mz) Geburtstag
cumplir erfüllen;
  c. años Geburtstag haben
curita Pflaster

D

danzar tanzen
dar geben;
  darse cuenta de bemerken
de aus, von
debajo de unter
deber müssen
decidirse sich entscheiden
decir sagen
declarar erklären
dedo Finger; Zeh
dejar lassen
delante vorne;
  d. de vor (örtl.)
deletrear buchstabieren
demasiado zu viel
demorar dauern
dentífrico Zahnpasta
dentista Zahnarzt
dentro drinnen
departamento Wohnung
depender abhängen
deporte (m) Sport
derecha: a la d. rechts
derecho Recht
desayuno Frühstück
descansar sich ausruhen, sich erholen
descuento Rabatt
desde aus; seit (zeitl.)
desear wünschen
desilusionado enttäuscht
despacho Büro
despacio langsam
despertarse aufwachen
después später;
  d. de nach (zeitl.)
destapador (m) Korkenzieher
destino Ziel
destornillador (m) Schraubenzieher
detenerse stehen bleiben
detergente (m) Spülmittel
detrás hinten;
  d. de hinter
día (m) Tag
diario Zeitung
dibujo Bild
diente (m) Zahn
diferencia Unterschied
diferente verschieden, unterschiedlich
difícil schwierig
dinero Geld
Dios Gott
dirección (w) Adresse, Richtung
directorio Telefonbuch
disco Platte
discoteca Disko
diseño Zeichnung
disfrutar genießen
divertido lustig
divertirse sich vergnügen
doblar abbiegen
documento de identidad Personalausweis
doler weh tun
dolor (m) Schmerz
donar spenden
dormir schlafen
ducha Dusche
duda Zweifel
dueño Eigentümer

Wörterliste Spanisch – Deutsch

durante während
duro hart, fest

E

económico billig
edificio Gebäude
efectivamente wirklich
efectivo in bar
ejemplo (por e.) Beispiel (zum B.)
eléctrico elektrisch
elegir auswählen
embajada Botschaft
empezar anfangen
en in, an
enamorado verliebt
enamorarse sich verlieben
encantado erfreut
encender anschalten
encontrar finden;
  encontrarse sich befinden
encuentro Treffen
enfermera Krankenschwester
enfermo krank
enfrente de gegenüber
ensalada Salat
entender verstehen
enterarse de (etwas) merken
entero ganz
entonces dann
entrada Eingang

entrar hineingehen
entre zwischen
enviar schicken
envolver einpacken
equipaje (m) Gepäck
equivocarse sich irren
escribir schreiben
escritorio Büro
escuchar hören
escuela (Grund-)Schule
eso das da
español spanisch; Spanier
especialmente besonders
espectáculo Vorstellung
espejo Spiegel
esperar hoffen, warten
esposa Ehefrau
esquí (m) Ski
esquiar Ski fahren
estación (w):
  e. de ferrocarril Bahnhof
  e. de servicio Tankstelle
empleado Angestellter
estacionar parken
estado Staat; Zustand
estancia Farm
estar sein, sich befinden
este dies
estrecho eng
estropeado kaputt
estudiar lernen
estúpido dumm, doof

examen (m) Prüfung
excelente ausgezeichnet
excursión (w) Ausflug
éxito Erfolg
explicar erklären
extranjero ausländisch
extrañar sich wundern

F

fábrica Fabrik
fácil leicht, einfach
facultad (w) Universität
falso falsch
faltar fehlen
farmacia Apotheke
faro Scheinwerfer
favor: estar en f. dafür sein;
  ¡por f.! bitte!
fe (w) Glaube
felicidades (Mz) Glückwunsch
feliz glücklich
feo hässlich
ficha Stecker;
  f. telefónica Telefonmünze
fiesta Fest, Feier
fila: formar f. sich anstellen
fin (m) Ende;
  f. de semana Wochenende;
  por f. endlich

Wörterliste Spanisch – Deutsch

finalmente endlich
fino dünn, fein
firma Unterschrift
flor Blume
fondo: en el f.
　dort hinten
fósforo Streichholz
frase (w) Satz
frazada Decke
frecuentemente oft
frío kalt
fruta Obst
fuego Feuer
fuente (w) Quelle
fuerte stark
fumar rauchen
función (w) Vorstellung
funcionario Beamter
fútbol (m) Fußball

G

gamuza Wildleder
ganado Vieh
ganar gewinnen,
　verdienen
ganas (Mz) Lust
gas oil (m) Diesel
gaseosa Getränk
　(Cola usw.)
general: en g. allgemein
gente (w, Ez) Leute
gerente (m)
　Geschäftsführer
girasol (m) Sonnenblume
giro Überweisung (fin.)

gobierno Regierung
golpe (m) Schlag
gomería Reifenwerkstatt
góndola Regal (Laden)
grabador (m)
　Kassettenrecorder
¡gracias! danke!
grande groß
grasa Fett
gringo Ausländer
gritar schreien
grueso dick
guía (m) Reiseführer
gustar gefallen,
　schmecken
gusto Geschmack

H

habitación (w) Zimmer
habitante (m)
　Einwohner
hablar sprechen
hace vor (zeitl.)
hacer machen, tun;
　hacerse werden (Beruf)
hacia zu, nach
hambre (w, el) Hunger
harina (w, el) Mehl
hasta bis
hay es gibt
heladera Kühlschrank
helado Eis
hermoso schön
herramiento
　(Tür-)Schloss

hervir kochen (sieden)
historia Geschichte
hoja Blatt
hombre Mensch, Mann
hora Stunde
horno Ofen (Herd)
hospital (m)
　Krankenhaus
hoy heute
huelga Streik
huevo Ei
húmedo feucht

I

ida Hinfahrt
idea Idee
iglesia Kirche
igual gleich;
　da i. (es ist) egal
imaginarse sich etwas
　vorstellen
importante wichtig
imposible unmöglich
impresionante
　beeindruckend
impuestos (Mz) Steuern
inglés englisch;
　Engländer
intención (w) Absicht
intentar versuchen
interior (m)
　Landesinneres
interrupción (w)
　Unterbrechung
invitado Gast

doscientos y uno | **201**

Wörterliste Spanisch – Deutsch

invitar einladen
ir fahren, gehen;
  irse weggehen
izquierda: a la i.
  links

J

jabón (m) Seife
jamón (m) Schinken
jardín (m) Garten;
  j. de infantes
  Kindergarten
jefe (m) Chef
jóven jung
jubilado pensioniert
jugar spielen
jugo Saft
juguete (m) Spielzeug
juntos zusammen

K

kilo(gramo) Kilogramm
kilómetro Kilometer

L

laburar arbeiten
laburo Arbeit
lado Seite (Straße);
  al l. de neben
lago See
lamentablemente leider
lámpara Lampe (Birne)
lana Wolle

lápiz (m) Bleistift
largo lang; reichlich,
  großzügig;
  a lo l. entlang, längs
laudo Trinkgeld
lavar(se) (sich) waschen
lavarropas (m)
  Waschmaschine
leche (w) Milch
lecho Bett
lechuga Kopfsalat
leer lesen
lejos weit entfernt
levantarse aufstehen
libre frei
libro Buch
ligero leicht (Gewicht)
limpiaparabrisas
  Scheibenwischer
limpio sauber
lindo hübsch, schön
lío Unordnung
liso einfarbig, glatt (Haare)
listo fertig
living (m) Wohnzimmer
llamar rufen;
  llamarse heißen
llave (w) Schlüssel
llegar (an)kommen
lleno voll
llevar mitnehmen, tragen
llorar weinen
llover regnen
lluvia Regen
loco verrückt
luchar kämpfen

luego dann
lugar (m) Ort, Stelle
luminoso hell
luz (w) Licht

M

macanudo verrückt, toll
madera Holz
madre (w) Mutter
mal schlecht
maluco verrückt
mandar schicken
manejar fahren (lenken)
manera Art
manga: m. larga
  langärmelig
manifestación (w)
  Demonstration
mano (w) Hand
manteca Butter
mañana morgen,
  Morgen
mapa (m) Landkarte,
  Stadtplan
maquillarse
  sich schminken
máquina Maschine
mar (m) Meer
mareado schwindelig
marido Ehemann
martillo Hammer
más mehr;
  m. o menos ungefähr
matar töten
matrimonio Ehe

Wörterliste Spanisch – Deutsch

mayor größer, älter; Erwachsener
médico Arzt
medio halb
mediodía (m) Mittag
mejillón (m) Muschel
menos weniger
menudo: a m. oft
mercado Markt
mes (m) Monat
mesa Tisch
micro Bus
miedo Angst
¡mierda! Scheiße!
migración (w) Einwanderungsbehörde
milanesa Schnitzel
mínimo: por m. mindestens
mirar ansehen, schauen
mismo gleich
mixto gemischt
mochila Rucksack
mojado feucht
moneda Münze
montón: un m. viel, eine Menge
morir(se) sterben
mostrar zeigen
moto (w) Motorrad
mover bewegen
mozo Kellner
mucama Putzfrau, Zimmermädchen
muchacha Mädchen
muchacho Junge
mucho viel
mudarse umziehen (Haus)
muebles (Mz) Möbel
muela Zahn
mundo Welt
muñeca Puppe
muy sehr

N

nacer geboren werden
nada nichts
nadar schwimmen
nafta Benzin
naftero Tankwart
navaja Taschenmesser
navidad (w) Weihnachten
necesario notwendig
necesitar brauchen
negocio Geschäft
nieve (w) Schnee
ningún kein
niño Kind
no nein, nicht
noche (w) Nacht
nombre (m) Vorname
norte (m) Norden
notar aufschreiben
noticias (Mz) Nachrichten
nube (w) Wolke
nuevo neu; **de n.** wieder, von neuem
número Nummer

O

obra social Krankenkasse
obrero Arbeiter
observar beobachten
oeste (m) Westen
oferta Sonderangebot
oficina (w) Büro
ofrecer anbieten
oír hören
ojalá hoffentlich
ojo Auge; **¡mucho o.!** Achtung!
ola Welle
olvidar vergessen
onda Welle
opinar meinen
opinión (w) Meinung
oportunidad (w) Gelegenheit
oreja Ohr
orilla Ufer
oro Gold
otro anderer, noch ein

P

padre (m) Vater
padres (Mz) Eltern
pagar bezahlen
página Seite (Buch)
país (m) Land
paisaje (m) Landschaft
pájaro Vogel
palabra Wort

doscientos y tres 203

Wörterliste Spanisch – Deutsch

paloma Taube
pampa Steppe
panadería Bäckerei
pantalón (m) Hose
papel (m) Papier;
  p. higiénico
  Toilettenpapier
paquete (m) Paket
para (pa') für;
  p. que damit, um zu
parada Haltestelle
paraguas (m) Schirm
pararse anhalten
parecer scheinen
pared (w) Wand
parrilla Grill (am Haus)
parte (w) Teil
partir abreisen;
  a p. de ab
pasacalle (m)
  Straßenschild
pasaje (m) Fahrkarte
pasajero Passagier
pasaporte (m)
  Reisepass
pasar passieren;
  verbringen (Zeit)
Pascua Ostern
pasear spazieren gehen
pasillo Flur
patrón (m) Chef
pedazo Stück
pedir bitten
peinado Frisur
peinarse sich kämmen
peine (m) Kamm

pelearse sich streiten
película Film
peligroso gefährlich
peluquería Friseur
pena Strafe, Mühe
pensar meinen, denken
peor schlechter
pequeño klein
perder verlieren
perdón (m)
  Entschuldigung
perfume (m) Parfum
permanente (m)
  Dauerwelle
permitir erlauben
pero aber
perro Hund
pesado schwer
  (Gewicht)
pescar angeln
peso Gewicht
piano Klavier
picante scharf (gewürzt)
pie (m) Fuß
piedra Stein
pierna Bein
pila Batterie
pileta Waschbecken
pimentón (m)
  Paprikapulver
pimienta Pfeffer
pino Tanne
pintar (an)malen
pintor (m) Maler
piscina Schwimmbad
piso Etage, Stockwerk

placard (m) Schrank
plancha Bügeleisen
planchar bügeln
planta baja Erdgeschoss
plástico Plastik
plata Silber; Geld
platea Parkett (Theater)
plato Teller
playa Strand;
  p. de estacionamiento
  Parkplatz
plaza Platz
plomero Klempner
pobre arm
poco wenig
poder können
policía (federal) Polizei
pollera Rock
poner legen;
  ponerse anziehen;
  werden
por durch, wegen
porque weil
posible möglich
postergar verschieben
postre (m) Nachtisch
pozo Schlagloch
práctica Übung
practicar üben
precio Preis
preferir lieber tun,
  bevorzugen
preguntar fragen
prender anschalten
preocuparse
  sich Sorgen machen

Wörterliste Spanisch – Deutsch

preparar vorbereiten, zubereiten
presentar(se) (sich) vorstellen (mit Namen)
previamente im Voraus
primaria Grundschule
primero erster; zuerst
probar probieren
prode (m) Lotto
prohibir verbieten
prometer versprechen
pronto bald
propina Trinkgeld
propuesta Vorschlag
provenir de kommen aus
próximo nächster
pueblo Dorf
puerta Tür
puerto Hafen
pues also
punto Punkt
puntual pünktlich
puro echt

Q

que dass
quedar übrig bleiben;
  quedarse bleiben
querer lieben, wollen
quilombo Unordnung
quiniela Toto (Spiel)
quinta Landhaus
quitar entfernen;
  quitarse (etw.) ausziehen

quizás vielleicht

R

radicarse einwandern
radio (w) Radio
ramo (de flores) (Blumen-)Strauß
rancho Hütte
rápido schnell
raqueta (de tenis) (Tennis-)Schläger
razón (w) Grund
realmente wirklich
recargo Zuschlag
receta Rezept
recibir bekommen
recién gerade eben
recital (m) Konzert
reclamo Beschwerde
recomendar empfehlen
recordar sich erinnern
recuerdo Andenken
recuperarse sich erholen
redondo rund
referirse a sich beziehen auf
regalo Geschenk
régimen (m) Diät
región (w) Gegend
regreso Rückkehr
reír lachen
relajado entspannt
relleno gefüllt
reloj (m) Uhr

reparación (w) Reparatur
repetir wiederholen
represión (w) Unterdrückung
repuesto Ersatzteil
retraso Verspätung
revisar untersuchen
revista Zeitschrift
rico reich; lecker
río Fluss
rogar bitten
romperse brechen
ropa Kleidung
rotisería Grill (Imbiss)
roto kaputt
rubio blond
ruido Geräusch, Lärm
rumbo Richtung
ruta Landstraße

S

sábana Bettlaken
saber wissen
sacar (heraus)ziehen;
  s. boletos Karten kaufen;
  s. fotos fotografieren;
  sacarse ausziehen (Kleidung)
sal (w) Salz
sala Raum
saladito Salzstange
salida Ausgang
salir (hin)ausgehen

Wörterliste Spanisch – Deutsch

salsa Soße
salud (w) Gesundheit
saludo Gruß
sano gesund
sartén (w) Pfanne
se sich; man
seco trocken
secundaria Gymnasium
seda Seide
seguida: en s. sofort, gleich
seguir weitermachen, weitergehen
seguramente sicherlich
seguro Versicherung
semana Woche
sencillo einfach
sentarse sich setzen
sentirse fühlen
señor (m) Herr
señora Frau
señorita Fräulein
ser sein (Verb)
si ob, wenn, falls
sí ja
SIDA (m) Aids
siempre immer
sierra Gebirge
siesta Mittagspause
siguiente folgend
silla Stuhl
simple einfach
sindicato Gewerkschaft
sino sondern
sobre über, auf
sobretodo Mantel

sol (m) Sonne
solamente nur
sólo allein
sombra Schatten
sombrilla Schirm
sopa Suppe
sordo taub
soutien (m) BH
suave weich
subir hinaufgehen; hinauffahren
subte (m) U-Bahn
suceder geschehen
sucio schmutzig
sueldo Lohn, Gehalt
suelo Boden
suerte (w) Glück
suéter (m) Pullover
suficiente ausreichend, genügend
sufrir leiden
suizo schweizerisch, Schweizer
supermercado Supermarkt
supuesto: por s. selbstverständlich
sur (m) Süden

T

taller (m) Werkstatt
tamaño Größe
también auch
tampoco auch nicht
tan so

tanto soviel
tapa Titelseite
tardar dauern
tarde spät; (w) Nachmittag
tarjeta: t. de crédito Kreditkarte;
  t. postal Postkarte
tasa Gebühr
taza Tasse
té (m) Tee
techo Dach
tela adhesiva Pflaster
teléfono Telefon
telenovela Fernsehserie
temporada: t. alta Hochsaison
  t. baja Nebensaison
temprano früh
tener haben;
  t. años Jahre alt sein
  t. hora wissen, wie spät es ist;
  t. que müssen
tenis (m) Tennis
terminar aufhören, beenden
testigo Zeuge
tiempo Zeit, Wetter;
  a t. rechtzeitig;
  mucho t. lange (Zeit)
tienda Geschäft, Laden;
  t. de campamento Zelt
tintorería chemische Reinigung

Wörterliste Spanisch – Deutsch

típico typisch
tipo Typ
toalla Handtuch
tocadiscos (m) Plattenspieler
tocar berühren;
 t. (la guitarra) spielen (Gitarre)
todavía noch
todo alles, ganz
todos alle
tomar nehmen; trinken
torta Kuchen
tortilla Omelett
tostada Toast
totalmente völlig
trabajar arbeiten
trabajo Arbeit
traer bringen
traje (m) Anzug
trámite (m) bürokratischer Vorgang
tranquilo ruhig
tránsito (Straßen-)Verkehr
tratar handeln
tren (m) Zug
triste traurig
trozo Stück
trucho falsch (gefälscht)
turno: de t. an der Reihe

U

ubicación (w) Ort
último letzter
único einzig
universidad (w) Universität
uno man, einer
uña Nagel (Finger)
útil nützlich
uva Weintraube

V

vacante (m) freie Stelle
vacío leer
vacunación (w) Impfung
vajilla Geschirr
valija Koffer
valioso wertvoll
valle (m) Tal
valor (m) Wert
vario verschieden, unterschiedlich
vaso Glas (Behälter)
veces: a v. manchmal
vela Kerze
vender verkaufen
venir kommen
ventana Fenster
ventanilla Fenster
ver sehen
verdad (w) Wahrheit
verdura Gemüse
vereda Bürgersteig
vestido Kleid
vestirse sich anziehen
vez: (una) v. (ein) Mal
 otra v. noch ein Mal, wieder
viajar reisen
viaje (m) Reise
víbora (Gift-)Schlange
vida Leben
videograbador (m) Videorecorder
vidriera Schaufenster
vidrio Glas (Material)
viejo alt
viento Wind
vínculo Beziehung
vino Wein;
 v. blanco Weißwein;
 v. tinto Rotwein
visitar besuchen
vista Aussicht
vivir leben; wohnen
volver zurückkommen;
 v. a hacer wieder tun
vuelo Flug
vuelta Rückfahrt;
 a la v. zurück

Y/Z

y und
ya schon;
 y. no nicht mehr
yerba Mate (Tee)
zapato Schuh

doscientos y siete 207

Der Autor

Dr. med. O'Niel V. Som, geboren 1966 in Essen, lebt heute in Stuttgart und arbeitet als Arzt in einem Krankenhaus. Spanisch lernte er schon als Kind von seinen Eltern und auf unzähligen Urlaubsreisen. Im Abitur war Spanisch neben Mathematik der zweite Leistungskurs. Er schrieb dieses Buch in Argentinien während des Praktischen Jahres seines Medizinstudiums .

„In fast allen herkömmlichen Lehrbüchern ist zu viel Grammatik enthalten, die man in der Umgangssprache nicht benötigt, und die mündliche Konversation kommt viel zu kurz.

Man lernt eine Sprache am besten im Lande und mit Freunden zusammen. In diesem Buch habe ich vor allem das Castellano der Porteños, der Einwohner von Buenos Aires, berücksichtigt. Sie können es als Anleitung für die ersten Gespräche benutzen. Sollten Sie Fragen oder Verbesserungsvorschläge haben, schreiben Sie mir bitte an die Verlagsadresse.